NORMA PANTOJAS

31

horrores que cometen las mujeres y los hombres

...y que les impiden ser felices

GRUPO NELSON
Una división de Thomas Nelson Publishers
Desde 1798

NASHVILLE   DALLAS   MÉXICO DF.   RÍO DE JANEIRO

Publicado en Nashville, Tennessee, Estados Unidos de América. Grupo Nelson, Inc. es una
subsidiaria que pertenece completamente a Thomas Nelson, Inc. Grupo Nelson es una marca
registrada de Thomas Nelson, Inc. www.gruponelson.com

Editora en Jefe: *Graciela Lelli*
Adaptación del diseño al español: *Grupo Nivel Uno, Inc.*

ISBN: 978-1-60255-940-0

Impreso en Estados Unidos de América

13 14 15 16 17 QG 9 8 7 6 5 4 3 2

CONTENIDO

AGRADECIMIENTOS

Gracias a mi hermana Celi Marrero, quien junto a su esposo, Jorge Rivera, se ha ocupado de organizar todos mis eventos profesionales de manera creativa. Siempre tiene una idea novedosa y un proyecto en mente, y en cada detalle que tiene conmigo me dice «te quiero».

Gracias a toda mi familia por las recomendaciones que me hicieron y por las ricas experiencias que me han regalado. A pesar de mis sesenta años, siempre me han mimado y nunca preparan el café hasta que yo llego a la reunión. Ellos han sido mi mayor riqueza y mi mejor recurso natural.

Gracias a Graciela Lelli, la editora de la revisión de este libro que representa tanto para mí: *31 horrores que cometen las mujeres y los hombres... y que les impiden ser felices.* Ambas hemos trabajado junto al equipo de Grupo Nelson para llevar al lector un título que recogiera la esencia del libro y un contenido que ayude a restaurar la familia.

Gracias a Nodelis «Loly» Figueroa, quien ha puesto todo su corazón en hacer el diseño gráfico de mis libros y presentaciones. Con su talento y sobre todo, con su amor incondicional, ha sabido plasmar mis ideas en visuales extraordinarios. Loly es la responsable de las portadas de mis libros anteriores y la de este libro, en el que también nos obsequió su arte en la diagramación y el montaje de las páginas interiores. Ella siempre se esfuerza por hacer un trabajo de excelencia.

Gracias a Dios por haber puesto en mi camino a todas estas personas, que han enriquecido mi vida con su amor y sus conocimientos. Todos unidos logramos nuestra meta: preparar un mensaje que pudiera llegar al corazón del hombre y de la familia.

Norma Pantojas

DEDICATORIA

A los hombres más importantes de mi vida...
A mi papá, Rafael Marrero, quien me amó y me enseñó a ser responsable en todas las áreas de mi vida.

A mi esposo, Jorge Pantojas, por haberme amado incondicionalmente, y por todo el amor y las atenciones que ha tenido con mi familia. Por conocer cada rincón de mi alma y validar mis sentimientos, aunque no siempre vea las cosas de la misma forma que yo.

A mi hijo, Jorge Isaac Pantojas, mi sonidista y camarógrafo fiel, quien siempre me regala un beso y un abrazo cada vez que pasa por mi lado. Ha estado en todas mis actividades desde que tenía tres años y, desde muy pequeño, grabó en su cerebro todas las habilidades manuales de su papá. Siempre que algo se rompía en nuestra casa, él y sus hermanas decían: «No te preocupes, que papi lo sabe arreglar todo».

A mi hermano, Antonio Marrero, quien ha sido el ejemplo máximo de honradez e integridad.

A Alejandro Amigón, mi yerno amado, mi mexicano, quien ha sido especial en nuestras vidas y a quien nuestra familia ha nombrado como un especialista en servicio a los demás. ¡Él es especial!

A Wilfredo Vélez, mi yerno querido, quien a sus treinta años —y con una hermosa bebé de dieciocho meses de nacida— fue privado de la vida durante un asalto por un hombre inconsciente que, por no haber experimentado el amor de Dios en su corazón, no supo valorar su vida ni la de los demás. Siempre amaré a Wilfredo. Lo recuerdo con cariño cada instante que veo el lindo regalo que me dejó: mi nieta, Patricia.

A mi sobrino, Anthony Marrero, quien ha sido el ejemplo máximo de superación en todas las áreas de su vida. Me siento muy orgullosa de él y queda demostrado que «para el que cree, nada es imposible».

A mi sobrino Jorge Andrés Rivera, quien con doce años de edad nos ha confirmado que cuando cultivamos el área espiritual de nuestros hijos desde que son pequeños, ellos crecen con convicciones firmes y nos regalan cada día lecciones de amor.

A mi sobrino David Bonilla, quien se propuso ser un excelente esposo, padre y médico, pero sobre todo, un grandioso ser humano, y lo logró.

A mis cuñados, Rafael Bonilla y Jorge Rivera, quienes han sido padres que le han dedicado a sus hijos tiempo de cantidad y calidad, y han visto los frutos de su esfuerzo.

A todos los hombres del mundo que día a día se esfuerzan por aprender y dar lo mejor de ellos para el bienestar de la familia.

A todos ellos un beso, un abrazo y que la bendición de Dios los cubra hoy y siempre.

Norma Pantojas

INTRODUCCIÓN

La figura del hombre ha sido de gran importancia en mi vida. Mi padre fue un hombre maravilloso a quien amé con todas mis fuerzas y con todo mi corazón. Admiré su amor por la familia, su dedicación al trabajo y su gran sentido de responsabilidad. Estoy consciente de que cometió errores en su caminar por la vida, pero las grandes muestras de amor, dedicación y ejemplo sobrepasaron esos errores. Hoy día, treinta y siete años después de su muerte, todavía puedo sentir su amor, su cariño, sus abrazos y hasta sus palabras en lo más profundo de mi ser. Lo más bello de todo es que el tiempo no ha podido borrar ni destruir su dulce recuerdo.

La gran influencia que mi papá ejerció en mi vida, contribuyó a que creciera con una imagen digna de lo que debe

El modelo de mi papá fue vital en la concepción de ese ideal de hombre que visualicé en mi adolescencia.

ser un hombre. Así que cuando llegué a la adolescencia, como casi todas las mujeres, soñaba con ese gran hombre con quien me iba a casar.

El modelo de mi papá fue vital en la concepción de ese ideal de hombre que yo había visualizado. Esa persona todavía no tenía rostro ni cuerpo, pero sí poseía las características de aquél a quien yo anhelaba para compartir toda mi existencia.

Todavía me emociono al recordar ese momento. Fue a mis diecisiete años de edad cuando conocí al segundo hombre más importante de mi vida, mi esposo: Jorge Pantojas. Ese hombre excepcional con el que me casé hace treinta y ocho años, reunió los requisitos que yo me había fijado en la adolescencia. Aquel príncipe azul que soñé en mi juventud por fin tenía una imagen definida; era real: poseía unas características que lo distinguían entre el grupo de compañeros que estudiaban conmigo.

Hoy, cuando me detengo a mirarlo, me siento orgullosa de él y vivo agradecida de Dios por el gran regalo que guardó para mí.

La felicidad no baja del cielo automáticamente, es necesario trabajarla.

Esta, mi gran novela de amor, no implica que conocí a un hombre perfecto ni que yo sea perfecta; de ninguna manera significa que en nuestra relación no hemos tenido diferencias. Como toda pareja hemos pasado por el verano y por el otoño en el que hemos perdido hojas, pero nuestro amor y compromiso nos han dirigido a florecer y a permanecer en esa bella primavera del matrimonio.

Mi querido amigo o amiga, soy una mujer muy feliz y anhelo que tú conozcas la alegría de sentirte feliz y realizado o realizada. A través de los años he comprendido que la felicidad no baja del cielo automáticamente, es necesario trabajarla. Ser feliz implica esfuerzo, dedicación, aceptación, respeto y también implica corregir desde el principio de cualquier relación, todo lo que atente contra la dignidad de los que componen el núcleo familiar.

Tanto las mujeres como los hombres necesitamos evaluar nuestro equipaje espiritual y emocional para destacar nuestras debilidades y nuestras fortalezas, y hacer el propósito de modificar todo lo que amarga nuestra existencia y la de aquellos que nos rodean.

La mayoría de la gente quiere ser feliz pero muchas veces, inconscientemente, actúa y toma decisiones que le dirigen a ser infeliz. Muchas personas tratan de cambiar a otros o esperan que situaciones particulares de su vida cambien para lograr su felicidad, así que si no llegan esos cambios, se sienten en el pantano de la infelicidad. ¡Qué fascinante sería si en lugar de querer cambiar a otros, decidiéramos cambiar primero nosotros para que con nuestro modelaje, otros decidieran imitar nuestra conducta! Practicar lo que le enseñamos a otros es lo que en realidad nos da autoridad.

La verdadera felicidad se experimenta cuando Dios es el centro de nuestra vida y, por consiguiente, nuestros pensamientos y nuestras acciones están de acuerdo con sus principios.

La verdadera felicidad se experimenta cuando Dios es el centro de nuestra vida y, por consiguiente, nuestros pensamientos y nuestras acciones van de acuerdo a sus principios. El resultado de esta fórmula es una vida íntegra que camina siempre en pos de lo excelente y cada día se aleja más de lo que le hace daño. Implica acercarse más a lo que edifica un carácter firme que no se deja arrastrar por la mayoría, que muchas veces lo que busca es la gratificación inmediata. Uno de los secretos para lograr la felicidad es actuar de acuerdo a los principios divinos, porque estos no solo te dirigen a valorarte, sino también a valorar a los demás. Si comprendes esto y lo llevas a la práctica, aprenderás a ser feliz a pesar de las circunstancias, porque no importa cuán dura pueda ser la adversidad, estás en armonía con Dios y contigo mismo.

Aprenderás que todas las circunstancias de la vida son cambiantes y si tu felicidad depende de estas, vivirás todo el tiempo dando tumbos por la vida entre un estado de felicidad y uno de infelicidad.

Yo decidí que voy a ser siempre feliz a pesar de las circunstancias. Aprendí que lo que llega a nuestra vida son ratos tristes que serán pasajeros, porque tomé la firme decisión de no hacerles nido en mi corazón. Aprendí que la esperanza siempre estará presente en mi vida recordándome que mañana será mejor. Esto me permite la claridad mental y emocional para analizar los problemas y encontrar las soluciones, además de la paciencia para esperar resultados positivos. Lo posible lo hago yo y lo imposible se lo dejo a Dios. Él ha prometido estar con nosotros todos los días de nuestra vida. Con esta gran promesa, ¿cómo me voy a desesperar?

En el caminar por la vida he visto mucha infelicidad y tristeza en tantas personas que no han comprendido el secreto de ser feliz. A través de las consejerías he conocido muchos jóvenes y adultos que no pueden recordar a unos padres que hayan dejado huellas de amor en sus corazones. Padres que, a su vez, fueron maltratados y continúan siendo un eslabón en la triste cadena del maltrato. Hombres que no han sabido valorarse a sí mismos y, por tanto, no saben apreciar a su esposa ni a sus hijos. Hombres que no asumen responsabilidad, que se dejan llevar por la vista y por el placer, y no actúan por convicción, de acuerdo a unos valores definidos y de altura que Dios estableció para que el hombre fuera feliz y pudiera formar una familia maravillosa.

Muchos hombres piensan que su éxito proviene de la competencia, de alcanzar una gran posición en su trabajo y de tener una mujer que satisfaga su deseo sexual en el momento que ellos lo deseen. Le dedican horas a los trabajos y a las aventuras amorosas, sin percatarse de que el reloj de la vida va marcando fuertemente y sin compasión su tic, tac, tic, tac sin detenerse un solo instante. Cuando pasan los segundos, los minutos, las horas, los días, los meses y los años se dan cuenta de que invirtieron sus fuerzas y sus energías en relaciones y trabajos que el tiempo fue destruyendo a su paso. Hombres que no echaron raíces en ninguna relación porque todo fue superficial; no hicieron vínculos emocionales, no sembraron amor ni ternura ni seguridad en sus hijos y ahora el reloj les dice: «Se te acabó el tiempo y ya no hay oportunidad para volver atrás». El tiempo es como el viento; arrastra y destruye todo lo que no está bien arraigado, dejando el área desierta y vacía. Así mismo queda el alma: desolada y sin esperanza.

Hombre, es tiempo de tomar decisiones, pero decisiones que representen vida para ti. Fija tu mirada en todo aquello que no se puede comprar con dinero. Aléjate de la competencia por el poder; compite contigo mismo, consciente de que cada día quieres superarte con relación al hombre que eras ayer. Ubícate en la línea de los que trabajan para edificar relaciones de amor con su familia; relaciones que trasciendan el tiempo y la distancia. El amor, la ternura y la presencia de Dios en nuestra vida perduran por encima de las circunstancias y hasta por encima de la muerte. Una vez internalices la importancia de aquello que no se puede comprar con dinero, podrás tener éxito en las demás áreas de tu vida.

Recuerdo siempre una canción en la que el cantautor argentino Alberto Cortés narra la historia de un hombre llamado Juan Comodoro, quien buscando agua encontró petróleo, pero se murió de sed. El agua, en términos monetarios, vale menos que el petróleo; sin embargo, el agua es esencial para la vida. El petróleo no enriqueció a Juan

Comodoro porque su sed solamente se podía saciar con agua. La riqueza del petróleo no le sirvió para nada, porque se murió de sed.

Cada día mueren esposos, esposas, hijos y hermanos porque mueren de sed de amor, de ternura, de atenciones; por falta de un abrazo y una caricia; simplemente porque muchos hombres y mujeres han gastado sus vidas buscando el petróleo de este siglo: el dinero, el poder, el reconocimiento o la posición social. Al final del camino de la vida se dan cuenta de que invirtieron todo su esfuerzo en lo que no rinde fruto. La Biblia nos dice algo muy importante: «La bendición de Dios es la que enriquece y no añade tristeza con ella» (Proverbios 10.22, RVR60).

Decídete a cultivar tu vida interior, tu relación personal con Dios, tus relaciones de familia y, aun cuando mueras, trascenderás en la vida de los tuyos.

Hombre, decídete a valorar lo que no se puede comprar con dinero. El dinero y el trabajo no pueden saciar la necesidad de amor, apoyo, aceptación y seguridad. Decídete a cultivar tu vida interior, tu relación personal con Dios, tus relaciones de familia y, aun cuando mueras, trascenderás en la vida de los tuyos. No hay dinero ni fama ni trabajo que pueda sustituir una maravillosa vida de familia en la que tú, como hombre, seas capaz de expresar los sentimientos más nobles a los tuyos. Siembra amor y tolerancia en tu familia y cosecharás amor y aceptación. Cuando tienes éxito en esta área de tu vida, el éxito en tu trabajo y en lo profesional está garantizado, y todo lo que hagas prosperará.

Al igual que el hombre, mujer decídete a reconocer y a actuar de acuerdo a ese gran valor que ya Dios nos adjudicó, desde que nos formó. No debe haber ninguna competencia por el poder entre el hombre y la mujer, sino que ambos deben complementarse y ayudarse a superar sus respectivas debilidades y a alcanzar tanto las metas individuales así como las que ambos han trazado como matrimonio. Todo este proceso nos va dirigiendo a fortalecer los lazos familiares y a lograr vidas satisfechas y felices. Recuerden ambos que la felicidad y la moral van agarraditas de la mano.

¿Qué recuerdo ustedes quieren dejar en el corazón de los suyos? Disfruten y apliquen la lectura de este libro que escribí, con todo mi amor, para que descubran toda la capacidad de amar que tienen, y sean hombres y mujeres maravillosos con una gran sensibilidad para amarse ustedes mismos, y para dirigir y proteger a sus familias.

Por último, a ti hombre, no te dejes llevar por lo que otros hacen. Marca tú la diferencia: ama y respeta a tu esposa, y asume tu responsabilidad de ser un gran líder en tu hogar. A ti mujer, te insto a que respetes y ames a tu esposo.

¡Sigamos hacia adelante, siempre adelante! No tengamos miedo porque Dios va con nosotros sosteniéndonos y levantándonos cuando caemos. Solo así seremos felices.

Este libro va dirigido a toda la familia, pero te lo dedico a ti hombre, para que identifiques tus debilidades y fortalezas, y seas el líder responsable que lleve a su familia al éxito.

A ti mujer deseo enseñarte cómo resolver sabiamente los problemas que se te presenten en el hogar, sin perder tu dignidad ni representando el papel de víctima. Aprenderás a ganarte el respeto sin gritar, sin decir palabras soeces, sin luchar por el poder, sin ser servil pero siendo firme en los planteamientos y capaz de practicar lo mismo que le exiges a los demás. Recordemos siempre que lo que nos da autoridad es que haya congruencia entre lo que hablamos y lo que practicamos.

Les amo mucho y les deseo prosperidad espiritual, mental, emocional y física.

Norma Pantojas

CAPÍTULO I

HORROR 1

Casarte solamente porque la mujer te resulta atractiva físicamente.

HORROR 2

Después de tener una experiencia negativa con una mujer, concluir que todas las mujeres son iguales: peleonas, infieles, desorganizadas, malas madres, pésimas administradoras del dinero, etc. y querer desquitarte con la próxima mujer la mala experiencia que tuviste con la anterior.

HORROR 3

Comparar a tu esposa con tu mamá y pretender que sea como ella: que cocine, lave y planche de la misma forma. En fin, que tenga las mismas costumbres y valores que ella.

HORROR 4

Creer que es mejor convivir sin casarte, porque es más fácil salir corriendo si no te va bien.

El hombre, a través del tiempo, ha sido definido socialmente como alguien superficial, de pocos sentimientos e incapaz de sentir el dolor y la soledad de los demás. Se ha visto como un ser interesado solo en conquistar mujeres y alcanzar el poder por medio de su trabajo. A su vez, la mujer se ha visto como la pobre víctima indefensa que vino a este mundo a dar su amor y a sufrir desengaños sin poder salir de esa situación. Este falso concepto se lo han creído tanto hombres como mujeres y lo han perpetuado de generación en generación. Se le ha enseñado a la mujer a ser víctima y a quedarse soportando todo tipo de maltrato y al hombre a ser agresor. Los hogares que forman hombres sensibles y expresivos son escasos. Por otro lado, necesitamos criar varones que, a la hora de casarse, puedan seleccionar una mujer que reúna las características indispensables para lograr una buena relación matrimonial para toda la vida basada en el compromiso, el respeto y el amor.

No es ningún descubrimiento el hecho de que los hombres son muy visuales, pero sí es sorprendente que siendo tan racionales tomen malas decisiones a la hora de comprometer su vida para siempre, simplemente porque al enamorarse se cegaron por las impresionantes caderas, por los lindos ojos o por el despampanante busto de una mujer. ¿Cuántas veces hemos visto un despliegue de afiches con fotografías de mujeres preciosas con diminutos trajes de baño, exhibiendo cuerpos deslumbrantes en negocios que en su mayoría son visitados por hombres? Podríamos hasta pensar que lo que venden son piezas para arreglar mujeres: muslos, caderas, busto... porque hacen más hincapié en la anatomía femenina que en los artículos que vende la tienda.

Constantemente se ve manifestado un culto al cuerpo en las revistas, la televisión, la música y en el cine. Es impresionante la cantidad de canciones y vídeos con letras que incitan a la violencia sexual y a la degeneración de los más nobles sentimientos de amor. Estas crudas imágenes en las que se ve el sexo, no como la culminación de una linda relación de amor sino como el vehículo para alcanzar el máximo placer sexual, han ido deshumanizando tanto al hombre como a la mujer. Incluso se ha llegado a medir la hombría de muchos por su agresividad sexual. Este modelo de actuación lo ven los varoncitos desde pequeños y se continúa cultivando una costumbre que en nada ayuda a desarrollar a un verdadero hombre. Por el contrario, se siguen añadiendo eslabones a la cadena de máquinas sexuales que se desplazan por la vida diariamente con apariencia de felicidad, pero emocional y espiritualmente vacíos.

Cabe señalar que ser bella no es un delito ni un pecado, pero tampoco implica que por el hecho de que una mujer sea bella, reúna todos los requisitos necesarios para formar un hogar feliz. Los hogares felices se construyen con materiales que no se pueden ver ni se pueden comprar, pero que se pueden sentir y disfrutar de una manera espectacular, y su valor es incalculable.

La vida es más de lo que se ve superficialmente.

Hombre, yo sé que tú anhelas ser feliz. Por eso es tan importante que te liberes de la influencia social machista, que piensa en muslos, caderas o en un busto doble DD y trasciendas lo que pueden ver tus ojos físicos, porque esa decisión te afectará de forma positiva o negativa para toda la vida. Considera en una mujer, no solo el que te atraiga físicamente sino lo que en verdad va a contribuir a estrechar lazos de amor, paz y equilibrio en el futuro hogar que piensas formar con ella. La vida es más de lo que se ve superficialmente. Cuando te quedas en la atracción física y no profundizas en aquellas cualidades que son las que en verdad enriquecen una relación, te espera mucha angustia y sufrimiento.

En la carrera de la vida necesitas detenerte a reflexionar. Pregúntate con qué materiales deseas construir tu relación. Estoy consciente de que eres visual, pero tengo la certeza de que, al mismo tiempo, eres un ser sumamente inteligente, creado por Dios a su imagen y semejanza. Un ser que puede ejercer su voluntad, que ha desarrollado dominio propio, y que de ninguna manera se va a dejar arrastrar por la atracción física que pueda ejercer una mujer.

En lugar de permanecer en el éxtasis que te puede provocar el contemplar la belleza física, despierta tu razonamiento para que evalúes bien cuáles son las cualidades que estás buscando. No tomes decisiones apresuradas, basadas en características físicas que pueden ser modificadas de forma radical por una enfermedad, un accidente o simplemente por el paso del tiempo. Cuando las circunstancias acaben con la belleza externa, solo te quedarás con la esencia de esa mujer.

Las buenas relaciones y los hogares que alimentan emocional y espiritualmente se forman con fe, esperanza, amor, tolerancia, respeto, comprensión, comunicación, templanza, fidelidad, sensibilidad y entrega. ¿Esa mujer que te atrae, reúne estos valores?

Hace muchos años llegó a mi oficina Manuel. Este hombre se veía lleno de ira y de coraje al narrarme cuántas cosas le habían pasado. Cuando siguió abriendo su corazón quedaron al descubierto muchas debilidades, inseguridades, frustraciones y miedo al abandono; características que algunos expertos en la conducta humana identifican como típicas de los hombres promiscuos sexualmente. Se refugió en las mujeres, el sexo y su trabajo. Se sentía poderoso porque económicamente estaba muy estable, pero en su interior había demasiado dolor y lo quiso cubrir con el barniz y el glamour del sexo.

Me contó que hacía muchos años había pasado por un divorcio que lo dejó sin dinero ni propiedades, por lo que tuvo que comenzar a reconstruir su economía desde cero. A raíz de esa mala experiencia decidió que no se casaría jamás, para asegurarse de que ninguna mujer le fuera a quitar absolutamente nada. Por esa razón, cuando se enamoró nuevamente, mantuvo una relación de convivencia por diez años y procrearon una niña. Durante el tiempo que permanecieron viviendo juntos le fue infiel a su compañera un sinnúmero de veces, lo que provocaba graves disputas entre ellos. Al cabo del tiempo, cuando quiso separarse de ella, pensó que iba a ser muy fácil porque no se habían casado legalmente. Sin embargo, no fue así. Cuando le pidió que se fuera de la casa y volviera a vivir en una propiedad más modesta que ella tenía antes de irse a vivir con él, se desató una tormenta legal que se extendió por dos años porque ella se negaba a irse de la casa. Finalmente, el tribunal determinó que su hija ya estaba acostumbrada a cierto nivel de vida; por tanto, la mujer tenía el derecho de permanecer en la casa hasta que su hija alcanzara la mayoría de edad.

Lo curioso del caso es que este hombre que nunca en su vida había sido fiel e incluso ya había comenzado otra relación amorosa, estaba indignado porque ella había iniciado una relación con un antiguo novio. De ninguna manera estoy defendiendo la postura de ella, porque no es bueno comenzar una nueva relación cuando la anterior se ha terminado tan reciente. Lo que deseo destacar es cómo una persona exige unas cualidades de fidelidad que él mismo no cumple. Cuando le hice este señalamiento, él comenzó a mencionar todo lo que le había comprado a ella y la bella casa donde la tenía viviendo. Es como si los regalos y la casa suplieran lo que esa mujer realmente necesitaba: fidelidad, tiempo de cantidad y calidad, más comprensión y compromiso.

Al momento de venir a mi consulta, Manuel tenía tres hijos de sus relaciones anteriores y ya estaba apasionado por otra mujer a la que apenas conocía. Es una pésima ilusión pensar que cambiando de mujer todo va a ser maravilloso. Este hombre no reconoció sus errores y continuó equivocándose cuando, prácticamente acabando de separarse de la mamá de su hija menor, volvió a enamorarse con locura de una mujer que —según él— parecía un ángel. Cada vez que hablaba de ella se le iluminaban los ojos. Decía con frecuencia: «Esa es una mujerota». No sabía dónde colocarla. Parecía que había comprado una pieza de porcelana y no encontraba en qué lugar exhibirla. Caminaba con ella como si estuviera mostrando un trofeo que solo él tenía el privilegio de haber podido conquistar.

Pasaron tres meses de estar en esa nube de atracción física que hombres y mujeres confunden muchas veces con amor, y el hombre decidió que se quería casar con ella lo antes posible porque ya estaba segurísimo de que era la persona idónea para él.

Estaba tan seguro que rompió con el juramento que había hecho de no casarse jamás. Tomó esta decisión en la peor etapa de una relación: el enamoramiento. En esta etapa los enamorados no ven defectos ni debilidades; todo es perfecto. Ella aceptó la proposición de matrimonio y muy pronto llegó el tan anhelado día de la ceremonia nupcial. La boda contó con todo el esplendor de los cuentos de hadas, pero el final «y fueron felices para siempre», nunca lo pudieron vivir.

Durante las primeras semanas todo fue bello, pero al cabo de los meses, cuando se corrió el velo de la novedad y quedó la esencia al desnudo, aquella «mujerota» no satisfacía otras áreas de su vida. Se sentía muy solo. Resultó ser una mujer poco emprendedora, inmadura, irresponsable con sus deberes en el hogar, invertía demasiado tiempo y dinero en su aspecto físico, y fue muy insensible a las necesidades de su esposo y del hogar.

En el momento en que Manuel hablaba de la necesidad de economizar para lograr unas metas, ella se ponía furiosa y hasta violenta. Entonces comenzaba a tirar contra el piso lo primero que tuviera a la mano. Llegaba cansado del trabajo y quería cenar con ella en el hogar, pero ella quería cenar en un restaurante porque decía que estaba demasiado cansada para cocinar. Se llegó a sentir tan hastiado de repetir una y otra vez lo que él necesitaba que ella modificara de su conducta, que cayó en la trampa de criticarla constantemente y de compararla con su madre. Así uno al otro alimentaban su frustración y, por consiguiente, sus niveles de ira fueron aumentando.

Aquella mujer que fue tan atractiva a sus ojos al principio de la relación, ahora le amargaba porque la mayoría de las conversaciones terminaban en discusión. El problema no consistía en que la mujer fuera bella, sino en que no había cultivado su área emocional y espiritual con la misma intensidad con la que cuidaba su físico. Su inmadurez no le permitía establecer prioridades.

La vista nos puede engañar de forma extraordinaria. Por eso en mis consejerías y conferencias insisto, tanto a hombres como a mujeres, en la importancia de profundizar en aspectos que van más allá de lo que vemos superficialmente, si es que queremos lograr una relación profunda y duradera que nos lleve a experimentar el verdadero significado del amor.

Tras esa experiencia negativa, en medio de su soledad y su frustración, este hombre cometió otros horrores al llegar a la conclusión equivocada de que ya no existían mujeres que pudieran igualar a su mamá, y que por eso y por el aspecto económico hubiera sido mejor volver a convivir sin casarse. Comentaba que si no le iba bien y estaba conviviendo, salía corriendo de la relación. Olvidaba cómo los hijos de sus relaciones anteriores, iban quedando huérfanos sin la relación de papá.

En este tiempo se ha llegado a validar la separación por cualquier motivo: «Es que ya no la amo o ya no lo amo, es que la quiero, pero no lo o la amo, es que no me comprende, es que ya no hay pasión, tengo derecho a ser feliz, entre otras tantas justificaciones que no tienen valor ni jurídico ni emocional, porque se quedan en lo superficial de la relación» y es más fácil salir huyendo de la relación, que restaurarla. Lo cierto es que son muy pocas las personas que deciden trabajar responsablemente la relación y que piensan en el dolor que representa la separación para sus hijos. Aunque no se haya legalizado una unión y parezca sencilla la decisión de «cada quien para su casa», no se puede ignorar que los hijos y los adultos sufren una pérdida que va marcando su existencia. Como consejera, he visto casos en los que una de las partes o las dos partes, se han involucrado en una relación de maltrato en la que uno de los dos o los dos carecen de la cordura, la paz de Dios y la sabiduría para enderezar lo torcido. Por eso, desgraciadamente tienen que llegar a romper la relación.

El matrimonio legal no es una vacuna contra los problemas, pero representa compromiso y un acto valioso. Todo lo que es valioso se legaliza. A nadie se le ocurriría cuando compra una casa, comentar: «¿Para qué hacerlo legal, si eso es solo un papel?», como suelen decir muchas personas al referirse al matrimonio. Los papeles adquieren valor cuando se legalizan y tienen el sello de un abogado. Así mismo las relaciones de pareja adquieren un valor legal, emocional y espiritual cuando se legalizan. Los escritores y consejeros Dennis McCallum y Gary Delashmutt comentan en su libro *El mito del romance*, que la cohabitación disminuye la probabilidad de éxito en el

El matrimonio legal no es una vacuna contra los problemas, pero representa compromiso y un acto valioso. Todo lo que es valioso se legaliza.

matrimonio.[1] Explican que, de acuerdo a un estudio hecho en la Universidad John Hopkins y la Universidad de Wisconsin, las uniones que comienzan conviviendo son menos estables que las que empiezan casadas, debido a que estas parejas están menos comprometidas con la institución del matrimonio y más inclinadas al divorcio.

Manuel se arrepintió de haberse casado porque pensaba erróneamente que el problema estaba en haberse casado legalmente. ¿Por qué no tuvo la valentía de decir: «me apresuré, escogí mal, me dejé llevar por lo visual, me casé sin conocerla... ¿Qué puedo hacer ahora para resolver esta situación? ¿Qué estoy haciendo incorrecto que hasta ahora he escogido mal? ¿Qué áreas de mi vida necesito trabajar?».

Finalmente, Manuel mantuvo esa relación por un año aunque le pareció una cadena perpetua. Aquella belleza que en un momento lo había cautivado, ahora le repugnaba porque había visto características interiores que antes había obviado. El velo de la ilusión que produce el enamoramiento, lo había cegado.

En el viaje hacia el matrimonio, el enamoramiento es la fase inicial y superficial porque tiene que ver con una atracción meramente física y pasional. Dennis McCallum explica que cada día son más las personas que se casan durante esa etapa. En ese momento no se ven debilidades y si se llegan a percibir ven, se tiene la esperanza de que todo cambiará con la fuerza del amor. Este hombre descubrió muy tarde que se había casado apresuradamente sin profundizar en la relación.

Hombres y mujeres, debemos tener bien claro que para unirse a una pareja nunca debe haber prisa. Debemos esperar un tiempo razonable que no debe ser menos de un año, para poder observar detenidamente cómo esa persona que nos atrae y nos gusta tanto se desenvuelve en las diferentes situaciones de la vida. Pero, ese periodo de espera que se llama noviazgo no incluye las relaciones sexuales. Cuando incorporas esta práctica en el noviazgo, eliminas una característica fundamental en el desarrollo del verdadero amor: el amor desinteresado que sabe esperar la próxima etapa del noviazgo que se llama matrimonio.

Nunca debemos perder de vista que la mayoría de la gente enamorada se esmera por mostrar su mejor perfil durante el noviazgo. Cuando a los enamorados se les olvida que están siendo observados, es que demuestran quiénes son en realidad, porque actúan sin fingir. Por otro lado, hay algunos que fingen conscientemente y logran proyectar una imagen falsa.

Hombres y mujeres, debemos tener bien claro que para unirse a una pareja nunca debe haber prisa.

Recuerdo a un hombre que asistía regularmente con su novia a la iglesia, mostrándose como alguien muy religioso, pero el día en que se casaron y salieron para la luna de miel le dijo: «De ahora en adelante no vuelves más a la iglesia». Otro ejemplo fue el de un hombre que cuando visitaba a su novia y la suegra le ofrecía un café, siempre se lo tomaba solo por agradarla. Cuando esta pareja se casó, la esposa le hizo el café con mucho entusiasmo y, para su sorpresa, él le dijo: «Ay no, a mí no me gusta el café». Gracias a Dios que esta experiencia no fue ninguna situación trascendental —como la de una mujer que se casó con un hombre pensando que no tenía hijos y a los tres años de casada descubrió que tenía cinco—, de lo contrario, ella «se hubiera muerto del impacto».

Manuel también contribuyó, aunque en menor grado, al rompimiento de la relación porque tenía una idea o una expectativa falsa de lo que significaba ser mujer.

La medida ideal era su mamá. No podemos negar que en nuestra vida, tanto papá como mamá son los primeros modelos de lo que es un hombre y una mujer, pero jamás esos modelos pueden constituirse en el original y pretender que los demás sean copias fieles y exactas de ese ideal. Para él, su pareja no cocinaba como su madre; no era hacendosa como ella. Cuando el hombre se casa necesita comprender que las habichuelas que guisaba mamá ahora las guisa su esposa. Tienen sazones diferentes, pero son habichuelas guisadas. El celebrar lo que cocina la esposa, halagando con amor lo que ella prepara, le motivará cada día a perfeccionarse más. Es cierto que esta mujer era indiferente a las labores del hogar, pero también es cierto que necesitamos aprender a respetar la individualidad de la gente y a dirigirlos, con amor, a lograr aquellas cosas que son imprescindibles para mantener la buena convivencia en el hogar. Las comparaciones son odiosas y no abonan en nada a mejorar una relación. Las continuas críticas de él, sumado a la inmadurez de ella, en lugar de provocar cambios positivos hicieron que esta mujer retuviera mucha ira y estallara en serias discusiones con su esposo. Día a día, entre las duras críticas y la falta de comprensión entre uno y otro, la relación se fue convirtiendo en una convivencia violenta.

Por lo general, la crítica saca lo peor del ser humano porque le resta importancia y valor a lo bueno que hace, y destaca lo que no satisface a la persona que critica. La aceptación y la enseñanza con amor, realzan lo mejor de cada individuo.

La aceptación y la enseñanza con amor, realzan lo mejor de cada individuo.

Es indudable que la primera atracción que tiende a sentir el hombre, por lo general, es visual. El problema surge cuando se queda en esa primera fase y se casa sin trascender la atracción puramente física. El hombre necesita ir más allá de lo que observa a simple vista. Esas características internas, que son las que perduran a través del tiempo, son las que en realidad van a abonar o a destruir la relación. No obstante, esas cualidades son las que muchos pasan por alto a la hora de tomar la decisión trascendental de compartir con alguien para toda la vida. Me fascina recordar la historia del médico que le regaló a su esposa un anillo de matrimonio grabado con este pensamiento: «envejeceremos juntos». Son palabras tan tiernas que jamás las he podido olvidar. Es importante señalar que ya habían pasado veinticinco años desde que este hombre le regaló ese anillo a su esposa. Él tiene varias libras de más y ha envejecido, pero ella comenta que todavía le emociona ver su sensibilidad cuando trata a sus pacientes y sentir el amor que emana de sus ojos hacia el prójimo y hacia ella misma.

Cuando nos casamos debemos estar muy conscientes de lo que este paso representa en nuestra vida. Los hombres no son la excepción. Casarse es hacer un fiel compromiso de amarse hasta la muerte. El que conoce lo que significa esta importante decisión de contraer matrimonio, merece ser llamado «hombre excelente»; ese que sobrepasa lo que implica ser un hombre común para convertirse en uno consciente del valor de una relación permanente.

El hombre excelente selecciona lo mejor y sabe que no todas las mujeres son iguales. Hay muchas mujeres que todavía mantenemos nuestra dignidad, nuestra integridad, la sensibilidad para amar y respetar a un hombre, y la sabiduría para sostener un hogar en armonía. Para poder ver esta clase de mujer necesitas abrir los ojos espirituales y concentrarte en las cualidades que hacen la gran diferencia entre

Casarse es hacer un fiel compromiso de amarse hasta la muerte.

una mujer y otra. Nadie puede buscar en otro lo que no tiene en sí mismo. El hombre no puede buscar sensibilidad si no sabe lo que significa ser sensible, ni puede buscar a la mujer ideal si él no es el hombre ideal.

Aprende a elegir en lugar de ser elegido. Usa tu inteligencia emocional y procura siempre alcanzar lo excelente. No podemos seleccionar bien si no tenemos un mapa que nos oriente hacia qué dirección vamos. Por ello, para lograr la excelencia necesitas saber cuáles son esas características que definen a una mujer extraordinaria.

Por otra parte, en nuestras consejerías nos percatamos de que la mujer también anhela y aspira a tener un hogar fortalecido y feliz en el que se puedan manejar las diferencias asertivamente. Te estarás preguntando: ¿por qué si todos quieren ser felices viven en desdichas, insatisfechos, en divorcios y recasamientos múltiples sin alcanzar lo que de todo corazón anhelan?

En el restaurante del matrimonio cada quien se sienta a pedir el menú de lo que necesita para saciar su hambre física y emocional, pero son pocas las personas que evalúan y tratan de comprender y llenar las necesidades de su pareja. Si cada uno comienza a cocinar lo que satisface al otro, sin atentar contra su propia dignidad al hacerlo, el producto final será un matrimonio realizado que podrá sobrepasar los embates más fuertes de la vida.

¿Se acuerdan del cuento de los tres cerditos? El lobo sopló con la misma intensidad la casa de paja, la de madera y la de ladrillo; la diferencia la marcó el material con el que estaban construidas las casas. De igual forma, el matrimonio está sometido continuamente a muchas circunstancias adversas. El éxito y la felicidad dependen del material y el fundamento sobre el cual hayamos construido nuestra relación. El verdadero amor que sobrepasa toda pasión es para siempre, no busca lo suyo, no hace daño, no es grosero, no grita, no es celoso. Esta definición de amor, basada en 1 Corintios 13, solo es real cuando el perfecto amor de Dios llena nuestro corazón, así es como únicamente podemos construir hogares sobre la roca eterna: Jesucristo.

ERRORES COMETIDOS POR EL HOMBRE EN ESTOS CASOS

Convivir sin casarse. Esa actitud de vivir juntos pensando que si la relación no funciona se puede salir corriendo sin tener que rendir cuentas, es una decisión mezquina que denota que lo más importante es cuidar lo económico, olvidándose de los hijos que pueden nacer, del bienestar del cónyuge, del compromiso que debe existir en una pareja que se ama y de las implicaciones legales que conlleva el no casarse.

Casarse apresuradamente en la etapa de enamoramiento. Expertos en el tema aseguran que la fase de enamoramiento puede prolongarse hasta por dos años. Esta es la etapa más superficial de una relación; es el momento en que la otra persona parece perfecta, no tiene debilidades y si se le percibe alguna, de inmediato la justificamos y le encontramos una solución. Una decisión tan trascendental, que te va a afectar toda la vida negativa o positivamente, no la puedes tomar basándote en una emoción momentánea. Hasta la compra de un automóvil cuando es producto de una emoción puede resultar un mal negocio. Después que pasa la euforia de la primera semana de uso del automóvil y del primer pago al banco, llega la realidad y aquí te das cuenta, cuando despiertas de la emoción, que hiciste un mal negocio.

Decidir casarse basándose en características físicas únicamente. No podemos fundamentar una decisión tan importante como el matrimonio, tomando en consideración solamente los rasgos físicos de la mujer. Nunca debes perder de vista que la apariencia física está condicionada por el tiempo; por tanto, respira profundo, resiste el encanto físico y evalúa su manera de ver la vida, el concepto que tiene de los hombres, del hogar, de los hijos, de Dios, y de todo lo que para ti sea fundamental.

Expresar que todas las mujeres son iguales. Después de una experiencia negativa, la frustración de muchos hombres es tan grande que piensan que todas las mujeres son terribles. Las generalizaciones no son buenas. Necesitamos aprender a evaluar a las personas individualmente por sus acciones, no por lo que dicen ni aparentan ser. Como dice la Biblia en Mateo 7.20: «...por sus frutos los conocerán». Cristo, hablándole al pueblo de Israel le exhorta a que no se deje engañar por las personas que parecen ovejas, pero que en su interior son lobos feroces que hacen demasiado daño escondidos debajo de su disfraz. Por eso termina diciéndoles que «*...por sus frutos los conocerán*». Llegamos a conocer a las personas por sus actos, no por lo que ellos dicen que son. El fruto confirma lo que la apariencia del árbol dice que es.

Comparar a la esposa con su mamá. Las madres son maravillosas, pero tienen su lugar específico en la vida. La figura de mamá es muy relevante en la vida del hombre; es el modelo de mujer que el individuo ha ido formando a través de los años de lo que «debe ser una mujer», sea para bien o para mal. En el momento en que el hombre decide buscar una pareja, es posible que anhele una que posea los rasgos positivos que admira en su madre. Algunos incurren en el error de seleccionar una mujer que también posee los rasgos negativos que tenía su mamá. No se dan cuenta de que al escoger a esa mujer para llevarla al altar, inconscientemente están tratando de resolver con ella lo que les molestaba de su madre, y que no pudieron subsanar cuando eran niños, por ella ser una figura de autoridad para ellos. La realidad es que el marco de referencia es la madre o la figura que hizo su función, ya fuera una hermana, tía, abuela u otra persona. Esta situación se convierte en un problema cuando el hombre quiere que su pareja sea una copia fiel y exacta de su mamá. Como señalé antes, es imperativo comprender que cada individuo tiene unos rasgos muy particulares que le definen. El hombre jamás debe hacer comparaciones de su pareja con su madre o con cualquier otra mujer que haya sido significativa en su vida. Tener falsas expectativas en esta área del amor trae grandes desilusiones. Por otro lado, aunque en este caso particular no se vio este conflicto directo entre la suegra y la nuera, es responsabilidad del hombre promover el respeto entre su esposa y su mamá. Las nueras y las suegras jamás deben competir por el amor de un hombre. Dios derrama abundantemente de su amor en el corazón de cada persona para compartir con todo el que nos rodea. Hagamos siempre el propósito de amarnos, comprendernos y reconocer el lugar que nos corresponde en el núcleo familiar. De esta forma seremos siempre felices, aun en medio de las diferencias y dificultades.

ESTRATEGIAS PARA QUE EL HOMBRE RENAZCA

Visualiza el desamparo legal en el que dejarías a tu pareja y a tus hijos si mueres mientras estás cohabitando. Convivir denota falta de compromiso; es vivir fuera del orden social que exige que se legalicen las uniones y estar fuera de la voluntad divina porque Dios instituyó el matrimonio para el beneficio y la preservación de la familia. Toma hoy la firme determinación de valorar el matrimonio y comprométete con Dios y contigo mismo a que harás las cosas de acuerdo a la ley, aunque a veces implique pérdida económica. Es mejor perder dinero que perder dignidad.

Evita casarte en la etapa de enamoramiento. Medita las consecuencias a corto y largo plazo que puede tener tu decisión apresurada. Piensa si al pasar de los años y volver tu mirada atrás, te sentirás orgulloso de ti o si sentirás vergüenza. Escribe una lista de tus convicciones y evalúa si con la decisión que vas a tomar pisotearías alguna de ellas. Casarse es una gran decisión que hay que meditar profundamente. Como hemos dicho antes: durante el noviazgo las personas se muestran como no son y ocultan sus lados oscuros en su afán por conquistar a la pareja. Ya sabes que esta etapa se extiende por unos dos años. Si te casas en ese momento de enamoramiento, cuando descubras cómo es realmente tu esposa, ya será muy tarde. Tal vez tengas que enfrentar la triste decisión de un divorcio y la separación de tus hijos si ya los has tenido. Utiliza la etapa del noviazgo con sabiduría para fortalecer los lazos emocionales de la relación. Un vínculo emocional no se logra de la noche a la mañana, y este enlace es imprescindible para sostener un matrimonio estable y feliz.

No te apresures. Cuando termines una relación amorosa espera un tiempo razonable antes de empezar una nueva relación. El tiempo aproximado es de dos años. Nunca se debe tener prisa para enamorarse. Aquí lo importante no es casarse o tener novia; es que si decides enamorarte lo hagas con conciencia para que hagas una buena elección y no vuelvas a cometer el mismo error.

Ejercita tu voluntad y decide que no te dejarás arrastrar por el físico de una mujer. Debes evaluar a tu pareja tomando en cuenta sus cualidades espirituales, emocionales y físicas. Observa un grupo de hombres y mujeres de edad avanzada para que veas que no importa cuán bellos hayan sido, el paso del tiempo por las vidas, no perdona. Además, procura ver a tu pareja al natural, sin maquillaje para que te enamores de su yo verdadero. No podrás ejercitar tu voluntad para no dejarte arrastrar por el físico de una mujer, si no cultivas tu vida espiritual. La carne siempre busca satisfacer sus deseos, mientras que el espíritu siempre busca lo más elevado. Nutres tu vida espiritual escuchando música inspiracional, seleccionando lecturas que enaltecen el espíritu o conversando con personas que tienen altos valores espirituales.

Por tanto, hermanos, tenemos una obligación, pero no es la de vivir conforme a la naturaleza pecaminosa. Porque si ustedes viven conforme a ella, morirán; pero si por medio del Espíritu dan muerte a los malos hábitos del cuerpo, vivirán. Así mismo, en nuestra debilidad, el Espíritu acude a ayudarnos. No sabemos qué pedir, pero el Espíritu mismo intercede por nosotros con gemidos que no pueden expresarse con palabras. Y Dios que examina los corazones sabe cuál es la intención del Espíritu porque el Espíritu intercede por los creyentes conforme a la voluntad de Dios.

—ROMANOS 8.12–13, 26–27

Por consiguiente, si queremos ser felices y tener calidad de vida no podemos hacer todo lo que nos produce placer inmediato o lo que tenemos «ganas de hacer», sino lo que nos edifica y nos conviene a largo plazo. Esta debiera ser siempre nuestra mejor selección, aunque muchas veces no es fácil, porque lo que nos agrada es más fuerte que aquello que nos conviene. No obstante, el final de anteponer lo edificante es vida, paz y armonía con Dios y con nosotros mismos. Lo maravilloso es que en la debilidad Dios nos hace fuertes. Él nos ayuda a lograr lo que parece difícil, según nuestras propias fuerzas, cuando clamamos con sinceridad delante de su presencia. Los que actúan según el cuerpo se lo pide, no llegan a lograr la excelencia y son los mismos que a diario dicen: «¡Qué duro me ha dado la vida!». La vida no nos da duro, nosotros mismos nos damos duro con nuestras malas decisiones y con el pobre o ningún mantenimiento que le damos a la vida espiritual. El cuerpo no tiene visión, pero el espíritu tiene una visión amplia y de altura; por tanto, los resultados serán beneficiosos. Desde el momento en que aceptamos a Cristo como Salvador, Él viene a vivir a nuestro corazón y ya no nos dejamos esclavizar por la naturaleza carnal que nos pide continuamente satisfacer todos nuestros deseos, sin discriminar si los resultados son buenos o no. Esto es así porque el Espíritu de Dios ocupa nuestro corazón y nuestra mente, y ya podemos ejercer nuestra voluntad libremente. Ahora podemos seleccionar entre lo que me atrae pero me hace daño, y lo que me hace bien y me da vida. ¡Puedo decidirme por la vida! En la debilidad humana, Jesús nos fortalece con su amor y su presencia en nuestro corazón.

Evalúa individualmente a cada mujer. Cada ser humano es único. No debes pensar que porque una mujer se comportó de manera inapropiada contigo, todas las mujeres con las que te relacionarás harán lo mismo. Tómate el tiempo de conocer a la mujer que te atrae y analiza su comportamiento con objetividad. Si percibes características que no estás dispuesto a negociar, no continúes en la relación con la esperanza de que ella vaya a cambiar con tu amor. Mientras más tiempo sigas obviando las señales negativas que estás viendo, más difícil será terminar la relación.

Descubre qué características de la personalidad de tu mamá todavía te causan malestar o incluso dolor. No importa cuán buena haya sido la niñez, cada ser humano es tan único que pueden haber quedado necesidades insatisfechas a nivel subconsciente. Es posible que no tengan tanta relevancia, pero hay insuficiencias que sí te pueden haber marcado profundamente y no las has identificado. Sin embargo, están ahí y te afectan, y te seguirán afectando si no las reconoces a un nivel consciente. Posiblemente le estás pasando factura a otros de lo que pasaste en tu hogar. Hace mucho tiempo le estaba dando consejería a un joven de dieciocho años que recordaba en detalle —como si lo estuviera viviendo en aquel momento— cuando su mamá se fue de su casa con otro hombre y los dejó a él, a sus hermanitos y a su papá agonizando de dolor. Él ya era un adolescente en el momento en que su mamá abandonó su hogar, pero se sentía huérfano. Momentos como este marcan la vida y es necesario identificarlos. Una vez lo hayas hecho, necesitas perdonar al que te hirió o a los que te hirieron, y tomar la decisión de seguir hacia adelante confiando en que Dios te dará la sabiduría necesaria para vivir a plenitud en todas las áreas de tu vida. Él sabe lo que es mejor para ti. Graba estas palabras en tu corazón: «Confía en el Señor de todo corazón, y no en tu propia inteligencia. Reconócelo en todos tus caminos, y Él allanará tus sendas. No seas sabio en tu propia opinión, más bien teme al Señor y huye del mal» (Proverbios 3.5-7).

Recuerda que hasta que no identifiques los conflictos que han estado guardados en tu subconsciente, no podrás tener una relación sana con tu mamá y, por ende, no podrás establecer relaciones satisfactorias con ninguna mujer.

EJERCICIOS REFLEXIVOS PARA EL HOMBRE

I. Marca cuáles de estas actitudes son más comunes en tu novia:

_____ Adondequiera que la invitas ella va. Incluso puede hacerte creer que le encantan los juegos de pelota o de baloncesto, cuando en verdad los odia.

_____ Lo que te apetezca comer te lo consigue al instante o te lo prepara ella misma. El asunto es que en diez minutos estarás comiendo —a la carta— lo que tú anhelabas, aunque ella esté cansada después de un día de trabajo.

_____ Te dice que adora a tu madre desde el mismo día en que la conoce, a pesar de que tú sabes que tu mamá tiene un carácter difícil y así lo demuestra frente a tu novia.

_____ Te asegura que dejaría sus estudios, su trabajo y hasta a sus hijos por casarse contigo.

_____ En el caso de que seas divorciado y con hijos, ella parece adorar a tus niños. Les compra regalos y les busca todos los gustos, aunque ellos se porten mal con ella.

Si después de haber hecho este ejercicio descubres que tu novia parece ser la mujer «perfecta», ¡detente! Espera que la relación madure para que puedas tener una visión más clara de quién es ella. Observa cómo se comporta en los momentos en que no se siente vigilada, ya que dejará ver cómo es realmente. También debes observar cómo actúa en momentos de tensión o cuando surge un conflicto, pues ahí demostrará su verdadero carácter.

Es importante señalar que también existen mujeres amorosas y pacientes que se comportan de manera auténtica. Hace muchísimos años en la iglesia a la que asistía, conocí a este hombre que, al divorciarse, le tocó la custodia de sus cuatro hijos. El más pequeño tenía aproximadamente dos años. En esta iglesia conoció a una mujer que nunca se había casado, se enamoraron y contrajeron matrimonio. Ella se identificó de manera sincera con sus hijos, y les dio todo su afecto y su amor. Más adelante tuvieron un niño en común. Esa experiencia la viví cuando yo apenas tenía diecisiete años y ha quedado marcada en mi recuerdo, porque pude descubrir que el verdadero amor existe. Todos estos niños crecieron juntos hasta que se casaron y formaron sus propios hogares. Todos ellos lograron una identificación total con una mujer que se entregó a ellos. La estampa de esa familia los domingos en la iglesia y la alegría de todos cuando llegó el nuevo bebé, quedó grabada para siempre en mi vida y cada día me convenzo más de que cuando amamos y bendecimos a otros, la vida nos devuelve amor y bendición. ¡Nunca te canses de amar!

2. ¿Cómo te has sentido cuando alguien te critica? ¿Esa crítica te estimuló a mejorar o creó resentimiento en ti?

Escribe cómo te sentirías si tu novia te criticara con un tono hiriente o te comparara todo el tiempo con su papá. Imagina entonces cómo ella se siente cuando la comparas con tu mamá.

La crítica y las comparaciones son dañinas a la hora de establecer una relación y en cualquier escenario de la vida. Podemos hacer observaciones o señalamientos de algo que esté incorrecto o que no nos agrade, pero debemos vigilar el tono y la intención que está detrás de lo que decimos.

3. Identifica cuáles son los puntos fuertes y los puntos débiles de tu pareja. Utiliza la tabla que te incluimos a continuación para enumerar sus fortalezas y sus debilidades con ejemplos concretos. Si te parece que es una mujer sensible, señala conductas específicas que lo demuestren. Recuerda que estás evaluando objetivamente sus hechos, no juzgando a la persona. Decimos que una persona actuó de forma insensible, no que ella es insensible. De esos puntos débiles, señala cuáles tú crees que puedes sobrellevar y cuáles no son negociables para ti. Así sabrás si debes dar ese gran paso hacia el matrimonio.

Fortalezas	Conducta que lo demuestra	Debilidades	Conducta que lo demuestra	Negociable
		Sí	No	
Actúa con sabiduría	Actúa con insensatez			
Tiene responsabilidad	Se comporta irresponsablemente			
Muestra sensibilidad	Muestra insensibilidad			
Expresa sus sentimientos	Denota poca expresividad			
Es trabajadora	Es holgazana o vaga			
Tiene firmeza de character	Es variable en sus emociones			
Es maternal	No le gustan los niños			
Le gusta la limpieza	Es descuidada en la limpieza			
Le gusta el orden	No le interesa la organización			

Tiene dominio propio	Actúa impulsivamente			
Tiene una buena relación con su familia	Tiene una mala relación con su familia			
Administra bien su tiempo o dinero	No administra bien su tiempo o dinero			
Es emprendedora	Es conformista			

4. En el momento de enamorarte:

¿Cuáles características físicas te atrajeron?

____ ojo

____ cabello

____ caderas

____ piernas

____ otras (indica cuáles)

¿Cuáles características internas te cautivaron?

____ sensible

____ honesta

____ apacible

____ comprensiva

____ inteligente

____ amable

____ emprendedora

____ otras (especifica)

Observa en cuál de los dos ejercicios marcaste más cantidad de características. Si fue en el primero, quiere decir que estás más enfocado en lo físico, mientras que si te atrajeron varias cualidades internas estás más orientado a lo espiritual. Sin embargo, lo ideal sería que hubiera un balance entre ambas. Además de sentirte atraído por lo espiritual, debe haber una atracción física que también te enamore. En una relación de matrimonio, el amor incondicional y la pasión se unen para lograr una relación ¡chispeante! Lo importante es que lo más significativo en tu relación jamás sea la atracción física. Como dice el cantautor Alberto Cortés: «Ni poco ni demasiado, todo es cuestión de medida».

5. Después de analizar las virtudes y defectos de tu novia, y estar muy consciente de que tiene defectos, ¿te gustaría pasar toda la vida con ella a pesar de estos?

ERRORES COMETIDOS POR LA MUJER EN ESTOS CASOS

Casarse en un acto de inmadurez. La mujer que aparece en este capítulo se casó sin darse cuenta de que todavía estaba inmadura. ¿En qué consistía su inmadurez? En que no se valoraba a sí misma, buscaba aprobación constante y quería lograrla atrayendo a los hombres por su belleza física, la forma más primitiva y más sencilla de atraer la atención de un hombre. No sabía ni reconocía que es mejor atraer a un buen hombre por nuestra calidad de amor, ternura y sabiduría. Ella se dejó llevar porque fue elegida y halagada, pero no sabía la responsabilidad que implicaba casarse.

Creer que a todos los hombres se les conquista por el físico. Ocuparse únicamente de conservar su belleza física, creyendo que todos los hombres lo que buscan es placer visual y sexual, es uno de los mayores errores que cometen las mujeres. La mujer de este caso pensó que llenaba la necesidad de su esposo solo con lo físico. Se esforzó por satisfacer el interés de él en lo visual siendo sexy y arreglándose bien. Solo se enfocó en complacer al hombre de la manera más sencilla: lo visual.

Actuar con frivolidad. Al ocuparse solo del aspecto físico la mujer pierde lo que fundamenta su personalidad. Es maravilloso mantenerse atractiva, pero es excelente cultivar también las demás áreas que integran al ser humano: el intelecto, la espiritualidad y el aspecto emocional. Lo físico impresiona por un momento, pero es la parte más vulnerable de nuestra vida. Cuando ya la belleza externa se haya marchado, quedará solamente tu esencia, pero si no la has cultivado no quedará nada. En la vida necesitamos hacer balance. Debemos atender lo físico y mantenernos bonitas, pero también hay que prestarle atención al área emocional donde están las heridas y amarguras acumuladas que nos arrugan la vida y la de aquellos que nos rodean. Jamás se puede descuidar el área espiritual que nos lleva a confiar en un Dios grande que nos da esperanza y nos ayuda a cruzar las aguas más turbulentas con su amor y su protección. Ese Dios que nos enseña a respetar y a ser considerados con los demás.

La Biblia, en Proverbios 31.29–30 cuando habla de la mujer virtuosa, le da más importancia al corazón y a la inteligencia emocional que exhibe esta mujer, que a su aspecto físico: «Muchas mujeres hicieron el bien, mas tú sobrepasas a todas. Engañosa es la gracia y vana la hermosura; la mujer que teme a Jehová, ésta será alabada». La mujer que tiene un balance en su vida en las tres áreas: física, emocional y espiritual es la mujer exitosa que aparece descrita en Proverbios 31.

Mostrarse como una mujer perfecta. Hablar y actuar conforme a lo que le gusta a la pareja, pero solo fingiendo, para causar una buena impresión en el enamorado. El problema de esta actitud es que el enamorado compra una imagen que no es la real y cuando se casan, ambos sufren porque ninguno logra llenar las expectativas del otro.

Dejar que la dominara el coraje. Actuar impulsivamente, guiada por la ira, cada vez que él la comparaba con su mamá no fue el camino correcto para resolver el problema. Gritarle al esposo o pelearle lo único que consigue es que él le pierda el respeto.

No cumplir con sus responsabilidades de familia. Ya sea por inmadurez o por conceptos equivocados de lo que significa el matrimonio, pretender casarse y querer vivir sin responsabilidades de ninguna clase es un error que cometen muchas mujeres. Hoy día ha proliferado la falsa idea de que las tareas del hogar son una esclavitud y que la mujer liberada no tiene que ser sirvienta de nadie. Si te sientes esclava es porque no tienes tu identidad definida: «Eres una hija de Dios creada con un propósito», así que eres valiosísima y ya tienes la libertad de elegir cómo pensar, actuar y sentir. Los quehaceres del hogar no nos esclavizan. Nos esclaviza mendigar el amor, darnos sexualmente a un hombre fuera del matrimonio, soportar maltrato, dejar que los demás piensen y actúen por nosotras, permitir lo no permisible. Todo esto si es esclavitud. Amiga querida, si piensas que eres una esclava, sentirás y actuarás como una esclava, te proyectarás como eso y serás tratada como te sientes, una verdadera esclava. Ese falso concepto que muchas mujeres tienen de su identidad crea desarraigo en el hogar, porque el concepto de familia que trabaja para un fin común, ha sido sustituido por uno en que cada miembro tiene su finca aparte bajo un mismo techo y hace su desayuno, lava y plancha su ropa, limpia su espacio en la mesa, y no se disfruta de servirnos unos a otros y de trabajar por un fin común. Esto no quiere decir que la mujer es la única que va a trabajar en la casa. Cada uno en el hogar debe colaborar, apoyar y considerar a quien es esa mujer extraordinaria que está a cargo de administrar ese hogar. La familia debe ser vista como un equipo en el que todos trabajamos para lograr ganar el juego de la vida. El trabajo del hogar no es una esclavitud, porque es un privilegio servir y amar a los nuestros. Jamás debemos comunicar a nuestros hijos ni esposos que son una carga. El tiempo que van a vivir en el hogar es tan corto que todavía no puedo comprender por qué algunas madres se quejan tanto del trabajo de la casa. Sé muy bien que este es fuerte, pero cuando lo hacemos con amor lo disfrutamos. No estoy hablando de teorías, estoy hablando de experiencias vividas con mis tres hijos, quienes hoy día tienen treinta y cinco, treinta y ún y veintisiete años. ¡Cuántos banquetes de alegría hacemos recordando los momentos en que les tenía listos sus platos favoritos cuando llegaban de la escuela y cómo les sacaba las manchas de su ropa preferida, y cuando me escribían en las tarjetas postales «no hay nadie como tú, mami»! En aquel tiempo estaba de moda un anuncio bello de detergente de lavar ropa en el que una mamá le sacaba las manchas al pantalón de su hijo y el niño le decía con mucha ternura: «Tú siempre puedes mamá». Esa frase se popularizó en nuestra familia. Estos detalles de amor han sido mi mayor recompensa y mi mayor tesoro. Necesitamos desarrollar ese amor especial por la familia y por las labores del hogar.

ESTRATEGIAS PARA QUE LA MUJER FLOREZCA

Ocúpate de buscar formas de madurar emocionalmente. En lugar de frustrarte, deprimirte y sentirte fracasada convierte las experiencias negativas en eficaces lecciones para tu vida. Una buena forma es reflexionando en torno a las situaciones difíciles o los errores cometidos para ver qué aprendiste de esa mala experiencia. Eso se integra al sistema de pensamientos y ya tienes un recurso para responder de manera positiva en una situación similar. Además, puedes capacitarte leyendo libros de autoayuda que presentan el fracaso como una oportunidad de crecimiento y maduración emocional. La edad cronológica no necesariamente hace que una persona madure. Hay gente que crece en años pero no en madurez emocional.

Evalúa si estás preparada para casarte. Se necesita estar emocionalmente maduro para contraer el gran compromiso del matrimonio. Por eso antes de dar ese paso reflexiona con estas preguntas:

_____ ¿Estás dispuesta a renunciar a una porción de tu libertad? Aunque la pareja sea maravillosa, al casarnos perdemos parte de la libertad porque ya tenemos que consultar todas nuestras decisiones. En el baile del matrimonio es necesario consultar los pasos nuevos que surgen si queremos ser parejas exitosas. La persona que quiere casarse y piensa que va a hacer «lo que le da la gana», es mejor que no se case porque va a fracasar y sufrirá mucho en el proceso.

_____ ¿Estás consciente de las responsabilidades que conlleva el casarse: las tareas del hogar, el cuidado de los hijos, las atenciones con el esposo, etc.?

_____ ¿Tienes un plan con definiciones de cuáles deben ser las características de la pareja que tú anhelas, o vives esperando un hombre sin rasgos definidos?

_____ ¿Comprendes que por mejor que sea un hombre tienes que ir dispuesta a trabajar la relación? La felicidad no baja del cielo; requiere esfuerzo, dedicación, grandes dosis de conversaciones de calidad para expresar sin acusar ni criticar cuáles son nuestras necesidades, paciencia para esperar cambios, compasión para comprender que cada ser humano viene de unas experiencias de vida diferentes y perdón para no guardar nada que nos traiga amargura. Soy feliz porque aprendí que los buenos recuerdos son los que atesoro, los malos recuerdos los desecho.

Además de prestarle atención a tu físico, debes ocuparte de alimentar tu intelecto y tu espíritu. El intelecto lo puedes nutrir con buenos programas y libros excelentes, entre otras herramientas, que te enseñan sobre diferentes temas y te permiten hablar, hacer proyectos interesantes, y tener conversaciones y opiniones con un buen fundamento. Necesitas capacitarte para tener un rol protagónico en el hogar y no convertirte jamás en una figura decorativa. Esto no quiere decir que tienes que dejar todo perdido e irte a la universidad porque crees que, de lo contrario, no tienes valor como mujer. El valor no te lo dan los estudios, ya tú eres valiosa. Aun en tu hogar puedes ser autodidacta y capacitarte por medio de la buena lectura. El espíritu se cultiva a través de la meditación, la oración, la lectura de la Biblia y escuchando mensajes que alimenten nuestra fe. Esta práctica te va a ayudar a ser sensible a las necesidades de tu hogar, tu esposo e hijos. Una mujer sabia puede conocer las necesidades del hombre más allá de lo que él confiesa o demuestra con sus actitudes y acciones.

Decide perdonar el daño que te hizo tu esposo. Haz una oración en la que digas: «Señor, bendice a _____». Aunque te cueste trabajo la primera vez que lo hagas, lograrás limpiar tu corazón de todo rencor en la medida en que puedas vencer tus sentimientos, para darle paso a lo que te conviene: bendecir en lugar de maldecir. Cuando perdonamos, nuestro corazón se sensibiliza, se mantiene sano y puede evaluar sin ningún prejuicio a otras personas. Podemos tomar en cuenta experiencias pasadas para no cometer los mismos errores, pero ya esos recuerdos no nos hacen daño. Nuestra vida pasada debe formar parte del archivo de experiencias que nos sirven para superarnos cada día; jamás deben ser fantasmas que vienen del pasado al presente para herirnos, asustarnos y dañar nuestras actuales relaciones. Como he dicho antes, perdonar es una decisión y aunque habrá momentos en que vengan a ti malos recuerdos, debes hacer el firme propósito de desecharlos y pensar en todas las cosas lindas que tienes por vivir.

Observa cómo se ven las personas cuando se dejan dominar por la ira y visualízate cómo te verías si actuaras de la misma manera. Los niños pequeños, como no saben canalizar sus emociones, cuando algo les desagrada gritan y patalean. Cuando se les enseña la manera correcta de manejar sus emociones, afrontan con madurez y tranquilidad los momentos difíciles de la vida. Gánate el respeto y la admiración de tu esposo por tus sabias ejecutorias y por tu carácter templado; jamás seas impulsiva. La persona impulsiva demuestra una pobre autoestima, mucha inseguridad y muy poca madurez. Cuando nos sentimos valiosas y dignas no tenemos que gritar para demostrar que tenemos la razón, y así reafirmar nuestro valor. El sentirnos valiosas nos lleva a expresar sosegadamente lo que anhelamos, merecemos y exigimos.

Identifica las señales que te avisan que estás a punto de perder el control de tus emociones y aprende técnicas efectivas para el manejo de la ira. Busca ayuda de un mediador de conflictos o de un consejero de familia si adviertes que todavía no estás lista para manejar la situación. Aprende a retirarte en momentos de tensión para evitar discusiones innecesarias. Puedes recurrir a orar, escuchar música con mensajes positivos, leer un libro, pintar, meditar o hasta darte un baño relajante que te baje todas las revoluciones. ¡Bájate de la montaña rusa de la discusión!

Al expresarte no hables en términos absolutos, sino enfócate en las características individuales. Decide desde hoy no tener ningún prejuicio hacia los hombres. Prejuzgar es hacer un juicio antes de conocer a una persona, a base de una generalización que has hecho por una experiencia previa. Por ejemplo: tuviste una mala experiencia con tu papá, un novio o un esposo y ya concluyes que todos los hombres son unos bandidos. Cuando hacemos juicios en los que comenzamos con la premisa «todos son» o «ninguno es» estamos expresando generalizaciones que provienen de prejuicios. Uno de los más comunes contra los hombres es creer que todos son máquinas sexuales que se conquistan a través de lo físico.

Observa a los hombres y evalúa sus acciones, no sus palabras. Te sorprenderás al descubrir que no todos los hombres son iguales. Hay hombres que han decidido ser diferentes y son ejemplos de amor, responsabilidad e integridad; hombres que han permitido que Dios esculpa en su corazón su amor y su sensibilidad.

¿Sabías que los prejuicios vienen de un corazón lleno de conflictos y amargura? Desyerba hoy tu corazón y saca toda la mala cizaña que lo está ahogando. Elimina lo que le está privando de florecer y evaluar con objetividad a las personas y las situaciones que llegan a tu vida. Si consideras que todos los hombres son iguales, evalúa tu vida interior, saca y sana lo que estorba para que tengas una buena visión.

EJERCICIOS REFLEXIVOS PARA LA MUJER

1. ¿Te has ganado el respeto de tus compañeros de trabajo, en tu hogar y en los demás círculos en que te mueves? El respeto se gana actuando siempre con rectitud e integridad, diciendo siempre la verdad y manteniendo una buena relación con los que te rodean.

2. Si eres casada, ¿tu opinión es importante para tu esposo? ¿Él hace lo que quiere y cuando quiere en las decisiones de tu hogar: en las finanzas, decoración, educación de los hijos, o conversan sobre el tema y luego entre ambos toman la decisión? ¿Tienes voz y voto en las decisiones que se toman en tu hogar? Una mujer sabe que su opinión es importante para su esposo cuando él le consulta sus decisiones y toma en cuenta sus sugerencias.

3. ¿Recuerdas con dolor una violación o el acoso sexual de tu papá o padrastro, o el maltrato emocional de un ex esposo o la muerte de un ser querido? ¿Te sientes satisfecha con tu vida

emocional o todavía tienes muchos fantasmas del pasado que aparecen de repente en tu vida?

4. De estas áreas: física, emocional o espiritual, ¿cuál o cuáles has desatendido? ¿Qué decisión tomas hoy para enriquecer esa área que has desatendido?

SEMILLAS DE AMOR

Te amo con el corazón, pero también te amo con la razón. Es necesario aprender a amar con conciencia.

Capítulo 2

HORROR 5

Pensar que ser sensible, comunicar sentimientos y cultivar la vida espiritual es solo un asunto de mujeres.

HORROR 6

Maltratar a tu esposa y, finalmente, cuando ella se cansa y te abandona, darte cuenta que no comprendías el verdadero significado del amor ni cómo se debe tratar a quien se ama.

HORROR 7

Creer que después de un disgusto o un episodio de maltrato, tener relaciones sexuales lo arregla todo.

El doctor Thomas Whiteman y Randy Peterson comentan, en su libro *Hombres que aman muy poco*,[1] que al entrevistar a más de cien mujeres solteras descubrieron qué aspectos de la personalidad ellas querían que los hombres cambiaran. La mayoría expresó que deseaba que los hombres fueran más sinceros y honestos en sus relaciones. Además, dijeron que les gustaría que se comprometieran más en la relación, expresando amor y afecto fuera del momento de la relación sexual. Asimismo, estas féminas anhelaban que los varones fueran sensibles y estuvieran conscientes de las necesidades e intereses de ellas. Por otra parte, comentaron que no eran buenos oyentes. El doctor Whiteman también menciona una investigación realizada por el doctor Michael Gill, quien entrevistó sobre mil personas, y reveló que el cambio que las mujeres más anhelaban en los hombres era que aprendieran a hablar de sus sentimientos.[2]

Cuando comparo esos estudios con la realidad vivida en los cientos de consejerías que he brindado durante estos veinticuatro años, me doy cuenta que el deseo de las mujeres del estudio ha sido también el sueño de las mujeres solteras y casadas que hemos atendido. Lo que se pretende en este libro no es que el hombre hoy se acueste racional y mañana se levante emocional; que hoy se acueste callado y mañana se levante como todo un conversador por amor a la mujer. Lo que anhelo con todo mi corazón es que el hombre sea feliz y viva a plenitud viendo como toda la familia florece cuando se abren las líneas de comunicación, se conocen las necesidades de cada uno a través del diálogo y se dicen palabras de afirmación. La conversación efectiva nos da vida a todos y el silencio constante nos hace sentir muertos.

Vivir a plenitud implica aprender a comunicar tus sentimientos para poder enlazarte a nivel emocional con las personas que amas, y de esta manera lograr relaciones significativas. Uno de los secretos de la felicidad es disfrutar el ver felices a otros y, para lograrlo, es imperativo ser sensibles a las necesidades de los que están a nuestro lado. Una de las grandes necesidades de la mujer es comunicarse efectivamente con el hombre a quien ha entregado su corazón. Hombre, si en realidad amas a tu pareja y conoces la necesidad emocional que tienen las mujeres, ¿por qué no haces un esfuerzo por aprender a comunicar no solo ideas sino también sentimientos?

> Ser sensible y comunicar sentimientos, al igual que otras destrezas, se aprende y se perfecciona con la práctica.
> Las personas sanas emocionalmente están alertas y abiertas a nuevas formas de vida que les beneficien en su crecimiento personal.

Ser sensible y comunicar sentimientos, al igual que otras destrezas, se aprende y se perfecciona con la práctica. Es importante señalar que hay un requisito indispensable para lograrlo: necesitas reconocer que tienes la necesidad y la urgencia de hacer cambios en tu vida. No te puedes conformar con los estribillos «yo soy así y no voy a cambiar» o «así somos los hombres». Estos son pensamientos muy comunes que expresan mediocridad. Las personas sanas emocionalmente están alertas y abiertas a nuevas formas de vida que les beneficien en su crecimiento personal. Confío en que tú seas de los hombres que cuando descubren nuevas formas para vivir con excelencia, abren las puertas de su corazón a cualquier cambio que les permita enriquecer su vida. Esto se llama trabajar y edificar para lograr la felicidad.

Es falso que solo las mujeres sueñan con ser felices. El hombre también anhela serlo, pero por desgracia —sin darse cuenta— muchos actúan y trabajan para no lograrlo. Se han aferrado a una manera de vivir que solo les trae amargura, porque la costumbre y el «todo el mundo lo hace» les dirige a practicar lo mismo que les trae tanta infelicidad. Es más fácil continuar haciendo lo que has repetido por muchos años —aunque no te haya dado resultados— que aprender y poner en práctica nuevos patrones de conducta que te van a llevar al éxito en tu vida.

Salir de lo acostumbrado es difícil porque lo que ya sabemos hacer representa una zona de comodidad. Lo que se hace porque ya está programado en la mente, como un robot, no requiere casi ningún esfuerzo. Simplemente, la fuerza de la costumbre domina y se responde a la acción de forma automática. Un ejemplo de esta situación lo es el que no sabe manejar la ira y en una discusión arremete contra su esposa o sus hijos, a sabiendas de que va a tener problemas con la justicia. Aunque conoce el riesgo de perder a su familia e incluso su libertad, en el momento de coraje responde a la costumbre de dejarse llevar por el impulso.

Librarse de los patrones de conducta siempre es difícil, porque todo lo que te dirige hacia las alturas de la excelencia exige un enorme esfuerzo y un gran sacrificio. Sin embargo, al llegar al tope de la montaña, el panorama es espectacular y la satisfacción es inmensa. La Ley del Menor Esfuerzo te condena a la mediocridad, mientras que la Ley del Mayor Esfuerzo, esa que implica dedicación, esmero y trabajo, te dirige a lo excelente. Jamás te conformes con menos cuando puedes lograr lo máximo.

Hace un tiempo atendí en consejería a un hombre que estaba muy afligido porque ya hacía seis meses que su esposa lo había abandonado. A pesar de su frustración, él confesó con toda sinceridad: «Yo fui el culpable, no la atendía cuando ella me quería hablar. Llegaba del trabajo, veía televisión, leía el periódico, todo menos atenderla a ella. Fueron muchas las veces que me pedía que fuera más sensible, más cariñoso, que la acompañara a la iglesia, pero nunca le presté atención. Ahora, que me he dado cuenta de los errores que cometí, posiblemente sea muy tarde, ya que ella no me cree ni me quiere dar una oportunidad. Me siento solo y culpable porque tenía una buena mujer y ahora veo cómo cada día se aleja más y más».

Este hombre se dio cuenta de lo que tenía cuando ya era muy tarde. La falta de sensibilidad le impidió reconocer las necesidades de su esposa. Él confesó que los únicos momentos en que le demostraba su cariño era cuando sostenían relaciones sexuales. No valoró la gran esposa que tenía. Ahora recordaba cuántos disgustos le había provocado, tanto al ignorarla como cuando se dirigía a ella con palabras ásperas e hirientes. Incluso llegó a golpearla en varias ocasiones. Nunca imaginó que ella iba guardando, en el baúl de su corazón, cada una de las ofensas que él le hacía; sencillamente porque él no le daba la oportunidad de expresar sus sentimientos e impresiones sobre las diferentes situaciones que surgían en el hogar. Ni siquiera fue capaz de pedirle perdón las innumerables veces que la maltrataba. No obstante, cuando llegaba la noche y se apagaba la luz, sin mediar palabra se convertía en el hombre más amoroso, cariñoso y hablador.

¿Cómo crees que se sentiría esa mujer en ese momento? Es probable que en su diálogo interior estaría diciendo: «Me demuestras amor a cambio de sexo. ¡Cuánto anhelo esta demostración durante el día, sin que tengas un interés únicamente sexual!». Esa no es la forma correcta de lograr un vínculo o enlace emocional con la persona que amas. Así no se logra un matrimonio exitoso. Necesitas aprender a conectarte en el aspecto emocional para que puedas navegar en el corazón de tu esposa. Todo lo excelente cuesta. Cambiar viejos hábitos aprendidos de generación en generación exige un gran esfuerzo, porque es más cómodo repetir lo que has venido practicando desde que naciste hasta el presente. Por esta razón hay gente que vive revolcándose en el dolor y la angustia, pues sigue repitiendo la misma receta que no le ha dado resultado, por no esforzarse en aprender a preparar una nueva.

Aunque parezca increíble, existen personas que prefieren sufrir e incluso autoagredirse antes de adoptar cambios positivos en sus vidas, a pesar de saber a nivel intelectual que esos cambios les harían bien. ¿Has visto algo más irracional que alguien que ha sido maltratado —y que conoce el sufrimiento que esto conlleva— maltrate a su familia? Hay personas que se acostumbran al dolor o a las situaciones conflictivas, y lo ven como algo tan natural que hasta llegan a convertirse en adictos al sufrimiento. La costumbre sella tus acciones negativas o positivas como si fuera la marca del carimbo en los esclavos. Solo un corazón humillado delante de la presencia de Dios, que reconoce su dolor y el sufrimiento que está causando a otros, puede decidir aceptar el reto de cambiar esos viejos hábitos que lo llevan a la destrucción emocional y física.

Paul Hegstrom, autor del libro *Hombres violentos y sus víctimas en el hogar* nos narra cómo él fue uno de esos maltratados en la niñez y se convirtió en un maltratante en la adultez durante muchos años. Entre las estadísticas que menciona en torno a estudios que se han hecho sobre la violencia doméstica en Estados Unidos, explica que si los niños varones son testigos de violencia de adulto contra adulto en el hogar, la probabilidad de que maltraten a sus esposas cuando lleguen a la adultez es 700 veces mayor. Si esos niños que son testigos de la violencia entre los adultos son además víctimas de maltrato físico, la posibilidad de que sean maltratantes es 1,000 veces mayor.[3]

Hegstrom comenta en su libro que desde pequeño anhelaba el abrazo de su papá, pero no lo recibía. A los nueve años un adulto abusó sexualmente de él y nunca lo pudo verbalizar en su hogar. De ahí en adelante su vida fue desastrosa, porque creció con aquél torbellino de sentimientos negativos hasta que se casó. Maltrató a su esposa con golpes desde el segundo día de casados y ese maltrato emocional y físico se extendió por dieciséis años. Es interesante señalar que Hegstrom fue incluso pastor en una iglesia, pero hasta que la persona no reconoce que necesita ayuda profesional, espiritual y psicológica no se va a operar un cambio. Los problemas hay que enfrentarlos, no se resuelven solos. Cuando logró salir de su esclavitud, escribió este conmovedor libro en el que nos narra cuánto sufrieron él y su familia mientras estuvo sumergido en sus antiguos patrones de maltrato, y cómo logró su libertad cuando rompió el círculo vicioso de la violencia doméstica.

La gente exitosa está siempre dispuesta a aprender, aunque implique más trabajo y esfuerzo. Los cambios son necesarios en el desarrollo personal. Si no hay cambios en tu vida, entrarás en una etapa de estancamiento y decadencia. Observa el aspecto de las aguas estancadas y te darás cuenta de que jamás debes permitir que tu vida se convierta en una charca como ésa. Esas aguas jamás corren por otros cauces y nunca llegan a alcanzar la gran inmensidad y frescura del océano.

> La gente exitosa está siempre dispuesta a aprender, aunque implique más trabajo y esfuerzo.

El maltrato, que muchas veces comienza con agresiones verbales —como en el caso citado—, a menudo sigue degenerándose hasta llegar a la agresión física e incluso hasta causar la muerte. Muchas de estas mujeres, antes de llegar a su muerte física, han muerto emocionalmente en manos de su agresor, porque el maltrato va matando de adentro hacia afuera. Las heridas más profundas quedan marcadas adentro, donde nadie las ve. Allí yace muerta la autoestima, las capacidades, los sueños, las ilusiones, las esperanzas y un amor que nunca fue apreciado porque lo entregó a alguien que no conocía el valor incalculable del amor. En el círculo de la violencia doméstica se muere emocional y físicamente si el agresor no decide cambiar y si quien recibe la agresión no da el salto a la libertad de sanar. Para que haya un agresor tiene que haber alguien que se quede en la escena recibiendo el golpe. ¡Escapa por tu vida!

Es importante señalar que no todos los hombres son agresivos y maltratantes. Hay quienes valoran el matrimonio y hacen lo indecible por salvar la relación, pero en ocasiones la única opción que tienen es separarse de su esposa porque su salud emocional y la de sus hijos está en juego. He conocido hombres buenos, excelentes padres, que se han casado con mujeres que les maltratan emocionalmente y les gritan palabras hirientes que van minando su estima y su dignidad. He visto también demasiados divorcios viciosos que no tienen razón de ser, en los que uno de los dos o los dos no quisieron hacer nada por salvar la relación. Obviaron lo triste y difícil que es una ruptura y se conformaron con decir: «Es que ya no siento amor». Siempre digo en mis consejerías que con uno que esté consciente de la problemática y tenga la sabiduría para manejarla, se puede hacer mucho para restaurar el matrimonio.

ERRORES COMETIDOS POR EL HOMBRE EN ESTOS CASOS

Golpear a su esposa. Los casos de maltrato han aumentado de forma alarmante en los últimos años. Cada familia necesita autoevaluarse y buscar ayuda profesional si es necesario, para sanar viejas heridas y conflictos que constituyen el ambiente propicio en el que se desarrolla la violencia doméstica. Las heridas sanan cuando salen a la luz y se les da el tratamiento correcto. Por el contrario, crecen cuando se les ignora, y profundizan hasta llegar a infectar todo el cuerpo.

En su libro, Hegstrom explica que la mujer y el hombre perciben la violencia de forma diferente. En un acto de violencia, la mujer puede percibir los cambios en la expresión de las emociones del hombre según la ira va apoderándose de él, mientras que el agresor no está consciente de la manifestación de su ira porque piensa, erróneamente, que esa es la manera natural de expresar su coraje. En una consejería, mientras la mujer lloraba con amargura explicando cómo su esposo la había maltratado, él me dijo muy tranquilo: «Es que no sé por qué ella está así, si yo no le di, lo que hice fue empujarla». Es importante comprender que la violencia física va desde tirar objetos, empujar e impedir que una persona se mueva, hasta bofetadas y relaciones sexuales a la fuerza. Tristemente, la mayoría de los hombres maltratantes no perciben todo el daño que están haciendo; por eso es que su conducta es progresiva y se alimenta con la ira, el rencor y los conflictos no resueltos. Hegstrom señala que el conflicto o el trauma no resuelto detiene el crecimiento natural del carácter (la manera de ser y de afrontar la vida) y, por consiguiente, el niño, incapaz de resolver solo la situación, crea una personalidad falsa (autoritario, iracundo, etc.) para protegerse del rechazo. El maltratante lo que tiene es un disfraz que ha usado para protegerse, sin percatarse de que está ocasionando un daño grave a sí mismo y a su familia. Necesita asistencia profesional urgente para que le ayuden a quitarse el disfraz y quede al descubierto el verdadero hombre que Dios creó a su imagen y semejanza.

No atendía a su esposa. No reconoció que la falta de sensibilidad en el trato con su esposa es una forma de maltrato emocional. Además de los insultos, los gritos y las palabras soeces, privar del afecto es una de las formas de maltrato emocional más difíciles de identificar. La mujer necesita ser escuchada y valorada, y cuando no se le dedica cantidad y calidad de tiempo para atender esas necesidades, el hombre la está destruyendo interiormente, poco a poco. Sin darse cuenta, el hombre de la historia se dejó llevar por el cansancio después de un día de trabajo y buscó solo su propio bienestar. Se acostumbró a su zona de comodidad. Fue un analfabeto en el área de las emociones. Hay personas que no saben leer ni escribir; hay otras que lo saben hacer, pero son incapaces de leer y escribir en el corazón de la gente. Los que maltratan se limitan, a veces inconsciente y otras conscientemente, a garabatear la vida de los demás, dejando a su paso vidas destruidas y un profundo desierto afectivo. Estos son analfabetos emocionales.

No comunicó sus sentimientos ni supo escuchar los de su esposa. Lo que hace que una unión sea exitosa es que cada uno de los miembros de la pareja pueda expresar con palabras los más íntimos sentimientos, ya sean de alegría, felicidad, temor, dolor, frustración, etc. Es así como logras conocer íntimamente a las personas y puedes satisfacer sus necesidades, en lo que dependa de ti.

No cultivó su vida espiritual. La inmadurez espiritual se manifiesta cuando somos insensibles, en el desamor, en la indiferencia hacia las necesidades de nuestro prójimo y en la aspereza de carácter. Cuando le permites a Dios llenar tu corazón, su amor te capacita para ver a cada ser humano como alguien especial. La dureza de corazón es la consecuencia de que el hombre se aleje de Dios.

No se dio cuenta a tiempo de que su esposa era una buena mujer. Tantos años a su lado y fue tan ciego, que no pudo valorar la excelente esposa que tenía hasta que ella abandonó el hogar. Descubrió su valor y cuánto la amaba cuando ya era muy tarde. Ella había soportado tanta indiferencia e ingratitud que ya no le podía creer sus promesas.

Creyó que una relación sexual es una muestra de afecto. Es importante que el hombre comprenda que aunque él tiene la capacidad de desconectarse de un problema, dejándolo a un lado para conectarse sexualmente, la mujer no es así. La mujer no puede hacer compartimientos; de ninguna manera puede tener una relación sexual satisfactoria si tiene un problema sin resolver con el esposo. Primero necesita aclarar la situación y luego puede tener una relación sexual excelente. De lo contrario, no funcionará. Las relaciones íntimas no resuelven conflictos. Los problemas se solucionan enfrentándolos, dialogando, haciendo un plan de acción y perdonándose las ofensas. Una vez los asuntos se han resuelto, todo está preparado para disfrutar de la intimidad sexual. El sexo debe ser la expresión máxima de amor y comprensión de una pareja. Representa fundir dos cuerpos físicos en uno, después de que se ha logrado un gran vínculo emocional. Ser comprendida y sentirse amada es el mejor afrodisíaco. La mujer necesita mimos, afecto y grandes dosis de ternura en la vida diaria, no solamente en el acto sexual. De lo contrario, se sentirá como un objeto al que solo se le da atenciones por placer.

ESTRATEGIAS PARA QUE EL HOMBRE RENAZCA

Busca ayuda profesional. Hay ocasiones en la vida en que las heridas son tan profundas y dolorosas que necesitas ayuda profesional para ayudarte a identificarlas y sanarlas con un buen plan de acción.

Valora a tu cónyuge. El valor que le das a tu esposa refleja el valor que tú mismo te adjudicas. Demuéstrale cuánto la valoras evaluando cuánto tiempo significativo le dedicas (cantidad y calidad), qué tono de voz usas para hablar con ella, cómo le expresas disgusto sin dejar de respetarla, y cómo le demuestras tu amor y tu cariño.

Dedica tiempo a tu familia. Decide llegar a tu hogar y atender a tu familia como si cada día fuera el último que pasaras con ella. Recuerda siempre que el tiempo no se detiene, ni podrás volver atrás a recuperar los momentos perdidos. Observa a tu familia y describe qué ves en sus rostros. ¿Percibes alegría o tristeza? ¿Cuáles angustias son provocadas por ti? Identifica qué puedes hacer para ayudarlos a liberarse de esas emociones negativas.

Aprende a ser sensible. Elimina de tu vida las películas de violencia, la pornografía y todo lo que estimula las bajas pasiones, como el odio y el maltrato.

Se ha comprobado que las películas o cualquier material visual al cual te expones, ejerce una gran influencia en tu conducta, sea positiva o negativamente. El cerebro es una computadora que guarda y utiliza la información que se le suministra. Ocúpate siempre de alimentar tu mente con todo lo que es positivo, justo y de buen nombre para que tus acciones sean buenas, justas y dignas de ti. Comienza a ver películas que apelen a los sentimientos. (Ejemplo de una de estas es *El cuaderno de Noah*, en la que se presenta el amor que supera toda circunstancia.) De ese modo, tu cerebro va a acumular situaciones emotivas y vas a aprender a responder con ternura a las diferentes situaciones que se te presenten. Elimina todo lo que corrompe tu mente y llénala de lo que te edifica y te ayuda a construir vidas. La Biblia enseña a cultivar buenos pensamientos para realizar buenas acciones. «...todo lo que es verdadero, todo lo honesto, todo lo justo, todo lo puro, todo lo amable, todo lo que es de buen nombre, si hay virtud alguna, si algo digno de alabanza, en esto pensad» (Filipenses 4.8, RVR60).

Si en verdad quieres ser sensible, llénate del amor y de la paz de Dios. «Por tanto, imiten a Dios, como hijos muy amados, y lleven una vida de amor, así como Cristo nos amó y se entregó por nosotros como ofrenda y sacrificio fragante para Dios» (Efesios 5.1–2, RVR60). Cuando imitas a Dios te sensibilizas y aprendes a negarte a seguir tus impulsos negativos en beneficio de ti mismo y de los demás. Muchas veces, este es un requisito indispensable para ayudarte a mantener una linda relación con tu familia.

Aprende a leer las necesidades de tu esposa en su mirada, en sus gestos, en sus palabras. Es posible que estés pensando: «Yo no tengo que pasar ese trabajo; que me diga de una vez lo que quiere». Si cruzó por tu mente este pensamiento, necesitas sensibilizarte. ¡Cuántos niños y adolescentes se suicidan y los padres quedan sorprendidos sin tener una explicación, porque tal vez no se percataron de su necesidad emocional! Es muy triste vivir superficialmente con tus seres queridos sin entrar en su mundo interior.

Ayuda a los que te rodean a liberarse de los nudos que van cerrando su corazón. Esos nudos se forman por castigos excesivos o injustos, por cualquier forma de maltrato, por las palabras hirientes que salen disparadas como misiles en momentos de ira, o por las palabras no dichas que la persona necesitaba escuchar en etapas cruciales de su vida. Todo esto va dejando a su paso destrucción y desolación en la gente que amas y que te ama.

Muchos hombres se dejan llevar por la satisfacción engañosa y momentánea de la ira. En el momento del conflicto la mujer recibe el ataque y queda destruida; pero como esos golpes no se ven físicamente porque no hay sangre ni evidencia de que ha habido una herida mortal, el hombre sigue su vida diaria dejando ese coraje atrás porque para él ya el asunto pasó. Ella, por su parte, sigue aguardando el momento para desahogarse y conversar con su esposo sobre lo que pasó, pero por desgracia ese momento no llega.

A la hora de comunicar sus emociones muchos hombres no quieren hablar del tema, porque inconscientemente tienen miedos ocultos de revelar su interior, sus insatisfacciones y sus frustraciones. No se dan cuenta de que cada día están acumulando más problemas y sufrimientos en su vida. Anhelan ser felices, se sienten horrible después de sus ataques de ira —ya sea silente o ruidosa—, pero no dan el paso importante de admitir que se equivocaron ni pronuncian la palabra extraordinaria que restaura corazones: perdón. Les falta ese perdón que sale de lo más profundo de un corazón, arrepentido cuando sienten el dolor que le ha provocado a alguien con su mal proceder.

Mientras tanto, su esposa ni se enteró de la tormenta interior que está experimentando ese hombre, así que guardó todo su dolor en su corazón y este se convirtió en un nudo que se fue apretando con el paso de los días y de los años. Nudo a nudo el corazón se va paralizando y las relaciones interpersonales se van deteriorando a pasos agigantados, hasta culminar en la muerte de la relación.

Evalúate interiormente todos los días. Este examen te capacita para tener una vida emocional equilibrada, porque te ayuda a reconocer en qué has fallado. Acto seguido, debes pedir perdón a quien le has fallado. Así mantendrás una vida emocional fructífera y construirás un hogar fuerte que pueda enfrentar las tormentas de la vida.

Detecta tu hambre espiritual. Algunas señales de que tu vida espiritual no está satisfecha son la ansiedad, la depresión (una tristeza inexplicable producto de la impotencia ante una situación que no sabes cómo resolver), el temor o el miedo, la preocupación o la falta de sensibilidad, la ira. No olvides enfocarte en las alturas. Tu vida espiritual necesita mantenimiento. Separa tiempo para meditar, asistir a la iglesia de tu preferencia y leer la Biblia y algún libro de autoayuda, con el propósito de llenar tu mente de elementos que te ayuden a construir tu espíritu y a mejorar sustancialmente tu calidad de vida con los demás. Quizá, al principio se te haga difícil, pero sigue adelante; ¡es falta de práctica! No puedes pasar la vida en una carrera desenfrenada.

Tienes que maravillarte con las grandes cosas que ha hecho Dios en el mundo y en tu vida. Sé agradecido.

EJERCICIOS REFLEXIVOS PARA EL HOMBRE

1. Después de haber leído este capítulo, ¿qué decisiones has tomado en relación al trato con tu esposa?
2. ¿Cómo vas a comenzar a trabajar tu vida interior?

3. Menciona cuáles son las características que te enamoran de tu esposa.

4. Piensa en tu temor más profundo y trata de comunicarlo con palabras.

5. Piensa en lo que más te ha disgustado últimamente. Ensaya cómo comunicárselo a tu esposa sin herirla. Fíjate que los cirujanos aplican anestesia antes de operar. Imagínate que te sacaran un riñón a sangre fría. Eso haces cuando hablas sin pensar, pisoteando el amor y la dignidad de las personas. Recuerda que siempre que comunicas una idea y deseas provocar cambios, debes llegar al corazón. Puedes y debes vestir de amor las más duras realidades.

ERRORES COMETIDOS POR LA MUJER EN ESTOS CASOS

Crítica constante. En su afán por lograr cambios en sus esposos, muchas mujeres critican fuerte y continuamente todo aquello que les disgusta. La crítica no es la solución a los problemas porque no transforma a la persona, sino que provoca que el criticado se sienta agredido y fije más en su comportamiento las faltas que se le señalan.

Uso de la técnica cotidiana: «la cantaleta». Muchas féminas, en su empeño porque el hombre deje de hacer algo que a ellas les desagrada, le repiten a diario las mismas amenazas de lo que piensan hacer si él no corrige la conducta, pero no cumplen su amenaza. El hombre, por su parte, cansado de escuchar lo mismo sin experimentar consecuencias por sus malos hábitos, continúa con su mismo comportamiento, causando más coraje y frustración en la mujer. La cantaleta le quita toda autoridad a la persona que la practica, porque el criticado se acostumbra a escuchar tantas veces lo mismo, que no tiene motivación —ni interna ni externa— para cambiar su manera errónea de proceder. Llega el momento en que, al igual que les pasa a los niños, el hombre ni siquiera escucha la cantaleta. Por eso es necesario tomar acciones concretas para que el individuo experimente consecuencias por su conducta inaceptable.

Permitir maltrato emocional y físico. Muchas mujeres ni siquiera saben qué conductas están codificadas como maltrato. Al no identificarlo, no pueden romper con el ciclo de la violencia doméstica. Otras lo ven como algo natural, pues fue lo que vieron en sus hogares desde que eran unas niñas. Hay mujeres que prefieren ignorar el maltrato por temor a perder a su esposo, bien sea por codependencia, por miedo a la soledad o por temor a no poder cubrir sus gastos y los de sus hijos. El caso es que permitir el maltrato pone en grave riesgo sus vidas, las de sus hijos y hasta las de otros familiares.

La revista *Selecciones* del mes de marzo de 2008, publicó un interesante artículo sobre la violencia doméstica en el que define las diferentes clases de abuso de acuerdo a la Línea Nacional de Violencia Doméstica, el Centro Nacional para Víctimas del Crimen y WomensLaw.org.[4]

Identifica si estás viviendo algunas de estas situaciones, para que seas consciente de lo que sucede y de esa forma puedas romper con el ciclo del maltrato.

1. **Abuso físico**. Este incluye empujones, puños, bofetadas, represión física, estrangulamiento, golpes con objetos, sacudidas o cualquier daño físico.

2. **Abuso sexual**. Cualquier forma de acoso, explotación, ataque, actividad sexual forzada o alguna conducta sexual no deseada o consentida.

3. **Abuso económico**. Involucra el control de sus gastos, retener el dinero, obligarla a entregar su sueldo, impedirle que trabaje, controlar dónde trabaja y usar su tarjeta de crédito sin autorización.

4. **Abuso emocional.** Incluye todo tipo de abuso verbal como burlas, insultos, amenazas, gritos y crítica continua. También se considera abuso el aislamiento social, la explotación, la persecución y la intimidación.

5. **Abuso psicológico.** Es cuando alguien infunde temor por medio de algún tipo de intimidación. Esto incluye destrucción de propiedad, hacerle daño a sus hijos, familiares, amigos o mascotas, y obligarla a aislarse de su familia o amigos.

Asumir una actitud de víctima. Puede que el diálogo interior de esta mujer sea: «¡Pobrecita de mí, que soy buena esposa y mira cómo me pagas!». ¿Sabías que para lograr resultados positivos en cualquier relación interpersonal, no puedes desempeñar el papel de víctima? Una víctima es aquella persona que no puede salir de una situación. Sin embargo, no importa la circunstancia triste en que te encuentres en la vida, puedes hallar salida; y si no la ves, siempre puedes recurrir a la ayuda de Dios, a la de un profesional de la salud mental o a un consejero espiritual que te ayude a encontrarla. Jamás te mires como víctima porque ese es el principio de tu muerte emocional. Mientras haya vida hay esperanzas y fuerzas para salir adelante y dejar todo aquello que te está esclavizando al dolor y al sufrimiento. En todo momento debes demostrar que estás en control y sabes lo que quieres. Nunca olvides que el hecho de que no veas salida a tu situación, no significa que no la haya. La puerta de salida está, pero no la has visto, porque estás concentrada solo en tu problema y te has victimizado.

ESTRATEGIAS PARA QUE LA MUJER FLOREZCA

Comunícate con asertividad. En lugar de criticar, llorar, hablar palabras soeces y gritar, comienza hoy a comunicarte sin juzgar. Por ejemplo:

«Tú eres un hombre maravilloso en _____, _____ y _____, pero necesito que hagas un esfuerzo por cambiar _____ y _____. Lo necesito, porque cuando me dices _____ y _____ me siento de esta manera: _____». Si te comunicas siguiendo este ejemplo, te darás cuenta de que lo que expresas no hiere la autoestima ni la dignidad, porque únicamente le estás informando cómo tú te sientes. Nadie te puede discutir lo que sientes. Este tipo de comunicación le informa a tu pareja tu sentir, lo que necesitas y lo que él puede hacer para cubrir tu necesidad. Decide hoy expresar tu disgusto con dignidad y elimina de raíz la cantaleta. El cantaleteo hace que te pierdan el respeto, porque cada vez que tu esposo te oye dice para sí: «Esa es otra balacera más» y se queda indiferente. Expresarse dignamente significa que no hablarás nada que te denigre a ti ni a la otra persona. Señalarás lo que te disgusta sin ningún tipo de insulto ni amenaza, pero demostrando con la firmeza de tus palabras que no permitirás que esa acción se repita. Si es una conducta que se sigue repitiendo y que afecta la estabilidad o la seguridad de la familia, podrías tomar decisiones hasta de separación. Lo ideal siempre es preservar el matrimonio, pero cuando una mala conducta —como lo es el maltrato físico, el maltrato emocional, la infidelidad o los problemas de adicción, entre otras— atenta contra la vida y la salud mental, entonces ya no hay que seguir hablando sobre mismo tema. ¡Toma acción! He conocido casos que por veinticinco años toleraron maltrato y hoy están en el mismo lugar. El matrimonio es para toda la vida mientras ambos cumplan el contrato de amarse y protegerse. ¿Para qué prolongar un matrimonio que vive una relación maltratante?

Piensa antes de hablar. Sabes que estás cantaleteando cuando repites lo mismo una y otra vez, y no observas cambios positivos. No prometas ninguna disciplina que no estés dispuesta a cumplir. Si le dices que te separarás de él si vuelve a serte infiel y, efectivamente, vuelve a engañarte, debes separarte de él como ya le habías advertido. Jamás caigas en la trampa de la ira amedrentándolo con consecuencias que vayan en contra de la ley o de tu integridad moral.

Decide abandonar el papel de víctima; atrévete a actuar. Del árbol caído todo el mundo parte su pedacito para hacer leña, pero nadie se acerca a buscar leña del árbol fuerte y robusto que se exhibe orgulloso en el bosque. Cuando escuches que la gente se refiere a ti como «pobre fulanita», es que estás desempeñando el papel de víctima; quiere decir que estás como el árbol caído. Si no encuentras cómo liberarte de tu problema, busca ayuda de un profesional competente y confía en seguir sus recomendaciones. El gran problema de muchas mujeres es que saben lo que deben hacer, pero no lo hacen. Mientras te sientas presa de la pena y del «¡ay bendito!», llegarás hasta el final de tus días con el mismo problema. ¡Deja vacante tu infelicidad! Tú, sí tienes la capacidad para lograr los cambios que tú propongas en tu corazón y para motivar a los demás a hacerlo también. La vida se vive solo una vez; no te permitas estar ensayando una y otra vez, porque este drama es en vivo.

Conviértete en ejemplo de comportamiento y dignidad. Demuéstrale a tu cónyuge con tus hechos, que eres capaz de practicar con tu vida y la de tu familia lo que le pides a él. Nunca exijas que otros hagan lo que tú no estás dispuesta a hacer.

En lugar de criticar, alaba los buenos actos que él haga. Fíjate como en Sea World premian los buenos actos que hacen las ballenas, dándoles pececitos y una palmadita por el costado. Si eso es con los animales, ¡cuánto más lo necesitan los seres humanos!

EJERCICIOS REFLEXIVOS PARA LA MUJER

1. <u>Mírate en el espejo:</u>

   ____ ¿Tienes cara de víctima o de protagonista? Las víctimas lucen incapaces de enfrentar las circunstancias, tristes, inseguras, con pocas fuerzas y sin brillo en los ojos. Las protagonistas reflejan entusiasmo y alegría en la mirada, y se ven muy seguras al expresar sus ideas.

   ____ ¿Proyectas seguridad o inseguridad?

   ____ ¿Eres asertiva en la comunicación o hablas fuerte, gritas y pataleas?

2. Si tus contestaciones anteriores son negativas, decide hoy asumir una postura de seguridad, da ejemplo y no permitas un comportamiento mediocre de tu pareja, cuando tú estás haciendo lo excelente. Lo que te hace ser respetable y tener autoridad no son los títulos, es tu integridad.

3. Medita unos minutos, evalúate y menciona qué áreas de tu vida pueden fortalecerse: _____, _____, _____.

SEMILLAS DE AMOR

Expresa siempre con palabras y hechos tu amor y tu cariño. Tal vez mañana ya no puedas hacerlo.

Capítulo 3

HORROR 8

Creer que serle infiel a tu esposa no es nada malo porque es una cuestión masculina, hormonal, física y cultural. Además, como dicen por ahí, «todos los hombres lo hacen».

HORROR 9

Pensar que conversar con tu esposa es una pérdida de tiempo. Muchos hombres dicen: «¿Para qué hablar tanto?».

HORROR 10

Opinar que la crianza de los hijos le corresponde a la madre, y que a ti te toca básicamente ser un buen proveedor.

HORROR 11

Considerar que el trabajo es lo más importante en tu vida porque es lo único que define tu éxito y llegar a creer que tienes que dedicarle todo tu tiempo disponible para lograr destacarte. Por tanto, los pocos ratos que te quedan libres necesitas usarlos para relajarte y distraer la mente.

HORROR 12

Creer que debes ser cariñoso con tus hijos y jugar con ellos solo cuando son pequeños, olvidando que el amor, los juegos, el cariño y la intimidad emocional no tienen edad y son indispensables en el desarrollo de todo individuo desde que nace hasta que muere.

La aseveración «qué tiene de malo, si todo el mundo lo hace» es una de las excusas más usadas en el diario vivir y la que más fomenta la mediocridad en el comportamiento. Es como si todos vivieran juntos conectados a un solo cerebro y todos hicieran lo que este ordenara sin discriminar. De ninguna manera puedes acomodarte a dicha aseveración.

Dios dotó a cada individuo de un cerebro con un poder extraordinario y cada uno tiene la responsabilidad de actuar de acuerdo a unos principios que Dios estableció para ser felices y preservar la vida. El que todo el mundo actúe de la misma manera no significa que está bien hecho, ni que el resultado de ese acto será provechoso.

La infidelidad se ha convertido en una plaga universal que está enfermando a miles de matrimonios y, por consiguiente, a sus hijos. Sin embargo, yo me atrevo a afirmar que no todos los hombres son o han sido infieles. Es importante señalar que la incidencia del adulterio en la mujer, lamentablemente, ha ido aumentando de forma vertiginosa. A veces un problema social se ve tanto, que las personas se insensibilizan. Aunque en la actualidad muchos puedan ver la infidelidad como algo «natural», lo cierto es que lo ven así hasta que ellos mismos sufren el dolor de sentirse engañados. Cuando el hombre o la mujer experimentan este mal social, es como si la vida se les rompiera en pedazos. Ahí queda cada miembro de la familia mirando, con incertidumbre, la cantidad de fragmentos desparramados en el suelo. Fragmentos que en un momento dado eran un todo llamado hogar, se convierten en piezas de un gran rompecabezas que es casi imposible volver a armar.

Julio era uno de esos hombres que pensaba: «Todo el mundo lo hace, ¿qué de malo tiene? Si se me presenta la oportunidad, la aprovecho; total, la aventura le da variedad a la vida. Esto me hace sentir que todavía soy muy atractivo». No me canso de recalcar en mis consejerías y conferencias que pensamientos incorrectos como este, nos dirigen a acciones incorrectas. Con esta filosofía en mente Julio conoció a su nueva compañera de trabajo. Le cayó simpatiquísima y se pusieron de acuerdo para almorzar juntos. A fin de cuentas, pensó: «¿Qué de malo tiene almorzar con alguien?». El próximo día fueron a almorzar otra vez. Al cabo de unos días ya eran amigos íntimos, y entre bocado y bocado de comida se fueron intercambiando palabras, ideas y frustraciones amorosas. En fin, que en poco tiempo Julio quedó suavemente atrapado en una relación de adulterio. Este hombre conversaba muchísimo con la amante, pero con su esposa y sus hijos hablaba lo necesario porque, según él: «¿Para qué tanta palabrería?».

Aunque hay excepciones, muchos hombres en la etapa de enamoramiento hablan y hablan, y saben muy bien lo que la mujer quiere oír. Después que se sienten seguros de la conquista, ya es otra la historia. Viene a mi mente el relato del hombre a quien la esposa le pedía que le dijera más a menudo que la amaba. Ante la petición de ella, un día el esposo le contestó: «El día que te deje de amar, te lo dejaré saber». Para él fue una contestación rápida y certera, pero para ella fue devastadora. Por desgracia, esta es la realidad cotidiana de muchos varones: «Ya se logró la conquista, no hay necesidad de estar hablando tanto». Esto no quiere decir, de ninguna manera, que los hombres sean malos. Es innegable que por naturaleza hay unas diferencias entre los hombres y las mujeres, pero esas desigualdades, en lugar de crear divisiones, deberían usarse para complementarse el uno al otro.

Por lo general, los hombres cuentan hechos y son muy racionales, mientras que las mujeres razonamos, claro está, pero en nosotras los sentimientos tienen una gran influencia sobre la razón. Por ello, el hombre que desee un matrimonio fructífero se debe esforzar por aprender a expresar sentimientos, para llenar la necesidad que tiene su esposa de esa forma de expresión. A su vez, la mujer debe aprender a balancear la razón y la emoción.

Una terapeuta de familia comentaba que el hombre llega a la infidelidad buscando sexo, mientras que la mujer llega a la infidelidad buscando comunicación. Ella le decía a los hombres: «Si quieren que sus esposas les sean fieles, hablen, hablen, hablen». En mi experiencia como consejera de familia, la queja número uno de las féminas es que sus esposos no hablan nada más que lo necesario. La realidad de la vida es que una de las mejores formas de conocerse profundamente es a través de la comunicación, tanto de ideas como de sentimientos. La gente se impresiona y sufre por los que mueren por falta de comida, pero no se dan cuenta de los que están cerca de ellos que mueren todos los días por falta de una palabra de aliento, de aprobación y de afecto.

El hombre puede aprender a comunicar sentimientos. Puede empezar con comentarios de temas que no sean conflictivos, en lo que adquiere la destreza de hablar y comunicar sus sentimientos sin ofender.

Una de las mejores formas de conocerse profundamente es a través de la comunicación, tanto de ideas como de sentimientos.

Por su parte, la mujer necesita practicar la destreza de hablar de hechos; de esa manera él también se sentirá comprendido. Este esfuerzo y esmero por suplir la necesidad de la pareja, es lo que hace que un matrimonio sea exitoso. ¡Es maravilloso sentirse comprendido!

Julio continuó alejándose poco a poco de su esposa y sus hijos, tanto física como emocionalmente, hasta que ella descubrió el gran secreto: su esposo tenía una amante. A pesar de las evidencias que llegó a tener, Julio lo negó y lo negó hasta el final. Él se defendió racionalizando su conducta inapropiada. Decía que era un padre responsable, que tenía las cuentas al día, y que trabajaba día y noche para que ellos tuvieran todas sus necesidades materiales cubiertas. Julio no comprendía que nada justifica la infidelidad. Un millonario puede darles a su esposa y a sus hijos todo lo que ellos pidan; los puede rodear de todo el lujo posible, pero nada de lo mencionado le exime de ser fiel.

> **La infidelidad viola algunos de los mandamientos que Dios estableció en su Palabra para vivir a plenitud.**

La paz y el sosiego que brinda la fidelidad y el respeto, no tienen comparación. Hay cosas en la vida que no se pueden negociar. La infidelidad viola algunos de los mandamientos que Dios estableció en su Palabra para vivir a plenitud: «No cometas adulterio; No codicies la esposa de tu prójimo; No des falso testimonio en contra de tu prójimo; Ama a tu prójimo como a ti mismo». Cuando el amor de Dios se perfecciona en la vida del ser humano, se honra, se respeta y se ama al cónyuge. Esto no significa que el que cometa ese error ya no tiene esperanza. Siempre hay oportunidad para recapacitar, arrepentirse y pedir perdón. Jesús perdonó a la mujer adúltera y le dio una recomendación: «Vete y no peques más». Cuando aprendes a medir las consecuencias tristes de tus errores, decides no hacerlo. Dios es tu fortaleza y con Él puedes vencer las tentaciones que se te presenten.

La verdad siempre se descubre, no importa cuánto te esfuerces por ocultarla. Llegó el momento en que la esposa de Julio ya estaba convencida de la amarga realidad. Aunque él lo negó todo el tiempo, los hechos lo delataron: llegadas a horas no acostumbradas, facturas de teléfono sin detalles de llamadas, cuando sonaba el teléfono se iba a hablar a un lugar donde no lo pudieran escuchar, recibía mensajes de texto comprometedores, etc. Esta mujer se sintió traicionada, humillada y decidió pedirle el divorcio. No hubo marcha atrás.

Así fue como este hombre me narró su triste vida. Con mucho dolor me explicó que estaba en su tercer matrimonio y cuánto se había arrepentido de haber perdido a su primera esposa por la infidelidad que cometió. Me confesó, con angustia: «Ella era una excelente mujer, no la supe valorar; excelente madre y nunca más se ha vuelto a casar», como queriendo decir que a pesar de que él fue infiel, ella le ha sido fiel aun estando divorciada legalmente de él.

En ese momento sentí compasión por este hombre. Aunque yo no he pasado por esa situación, he podido sentir el dolor de mujeres y hombres que han sido infieles y, como consecuencia, han sufrido amargas experiencias que van desde tener un hijo fuera del matrimonio, hasta contraer una terrible enfermedad venérea. Es mi anhelo que tú hagas parte de ti esta historia, y en el momento de la emoción o la tentación te

El «dulce placer» de un momento puede echar a perder toda tu existencia. Una infidelidad puede cambiar por completo el rumbo de tu vida.

detengas, pienses y decidas: «Mi familia es más importante que el placer momentáneo que me pueda dar una relación extramarital». El «dulce placer» de un momento puede echar a perder toda tu existencia. Una infidelidad puede cambiar por completo el rumbo de tu vida.

Los hijos de Julio y su ex esposa han tenido que reconstruir sus vidas con la ayuda de Dios. Él vive saboreando la amargura de su mala decisión, con hijos dispersos en tres matrimonios porque todavía no ha conocido al Dios que nos perdona cuando caemos. No te hagas daño a ti mismo ni le hagas daño a la gente que amas. La infidelidad es el producto de un vacío que hay en el individuo e inconscientemente lo quiere llenar con algo o alguien. La persona cree que eso que le proporciona placer en un momento dado, es lo que llenará ese vacío. Otra idea equivocada que acaricia el hombre que es infiel, es creer que esa otra mujer es la ideal, esa sí lo comprende, con ella no se siente en tensión, siempre está tan bonita... Cree, de manera equivocada, que con esta mujer no experimentará los problemas que tiene ahora con su esposa. Esta es una ilusión falsa, porque después que pasa la novedad de ese nuevo amor, la persona regresa al inicio del ciclo y se encuentra de nuevo en el vacío que lo impulsó a la infidelidad. Así es como hombres y mujeres se casan una y otra vez buscando llenar inútilmente su vacío espiritual con su pareja.

Hay un espacio en tu corazón que el único que lo puede llenar es Dios, quien te creó. Todos necesitamos reconocer que somos hijos del Dios Viviente y por tanto, como hijos de un rey, somos valiosos, no importa las circunstancias en las que nos haya tocado vivir. Cuando el hombre no conoce su verdadera identidad como hijo de Dios, vive sin valorarse, lejos de su Creador y enfocado solo en su complicada existencia. Se siente muchas veces impotente frente a las circunstancias, porque compara su debilidad con la compleja realidad que le rodea; se encuentra sin herramientas y comienza a ensayar soluciones para llenar sus vacíos y superar sus más profundos temores. De ahí que quiere llenar su vacío espiritual con infidelidades, alcohol, drogas, juego, sexo; en fin, todo lo que lo distraiga de su triste existencia.

Permíteme decirte que nada de eso puede satisfacer tu necesidad. Dios es el único que a través de su hijo Jesucristo puede alumbrar tu camino; con su amor incondicional, te llena de su paz y te da vida en abundancia. Cuando decides acercarte al Dios que te ama desde que te soñó, tienes la capacidad para evaluarte y reconocer cuáles son tus conflictos, tus errores, tus más profundos temores, y aprendes a tomar decisiones sabias que te van a conducir a una vida próspera.

El amor de Dios te sensibiliza, te permite reconocer cuánto vales, cuán digno eres y cuán dignos son tus semejantes. Estos elementos son los que te capacitan para ser muy cuidadoso en las decisiones que vas a tomar. En el momento en que la pasión te dicta una orden y la razón, a través de tu conciencia, te dicta otra es cuando necesitas detenerte y pensar, ¿cómo voy a afectarme con mi decisión? ¿Se afecta mi dignidad, mi integridad, mi familia? ¿En el mañana me voy a avergonzar de este paso que voy a dar? ¿Cómo voy a afectar a otros con mi decisión? ¿Qué consecuencias me traerá mañana; en unos años?

Si después del análisis vencen la razón y tus convicciones, entonces eres libre. ¡Qué diferentes serían tus decisiones si pensaras antes de actuar, y si el respeto a Dios y a ti mismo estuvieran esculpidos en tu corazón! En Deuteronomio 6.5 La Biblia dice: «Ama al Señor tu Dios con todo tu corazón y con toda tu alma y con todas tus fuerzas». Esta exhortación invita a amar a Dios con todo nuestro ser: corazón, mente, fuerzas. Abarca los sentimientos, los pensamientos y el físico; todo se une para abrazar al Dios que, con su amor, te pensó y te formó, y tiene un cuidado especial de ti. ¿Sabes algo? Si recibes ese amor y te abrazas a Él vas a llenar ese espacio espiritual que todo individuo tiene y que solo lo llena Dios. Cuando tu vida espiritual, emocional y física está equilibrada, ves con claridad hacia dónde te diriges, y caminas seguro y confiado de que no habrá nada en el camino que Dios y tú no puedan enfrentar. De esa manera tomas decisiones sabias que favorezcan tu vida y la de tu familia. Decídete hoy a hacer de tu existencia una experiencia fructífera.

Es importante señalar que muchas personas piensan que cuando se habla de ese vacío espiritual, es una mera idea que alguien inventó. No obstante, mientras más tienen la necesidad de gritar que Dios no es real, más revelan ese vacío existencial que se manifiesta en su forma de vivir. Otros comprenden la necesidad de un Dios que todo lo sabe y todo lo puede, en el momento en que se encuentran frente a la desgracia o ante un conflicto imposible de resolver humanamente.

No importa el tiempo ni la situación en que conozcas al Dios que te estoy presentando, Él te ama y te quiere bendecir. Mientras más temprano te sumerjas en su presencia, menos páginas rotas tendrá tu vida. Sí puedo decir, por experiencia, que la tranquilidad de saber que hay uno que sabe y puede más que mis fuerzas me ha dado descanso, y en los momentos más difíciles en que a todos nos llega la dosis de dolor, Él ha sido mi esperanza. Por eso, debes recordar que si estás pasando por una situación muy dura en el momento en que lees estas páginas, no tengas miedo porque «Dios está en control».

ERRORES COMETIDOS POR EL HOMBRE EN ESTOS CASOS

Ser infiel a su esposa. La infidelidad es una traición a la persona que prometiste amar para toda la vida. En el momento de la ceremonia nupcial se hace un pacto serio, un compromiso de fidelidad que está por encima de las circunstancias. Cuando eres infiel, faltas a tu dignidad porque estás rompiendo el pacto que hiciste ante Dios, ante ti, ante tu esposa y ante los testigos. Cuando cometes adulterio demuestras que todavía tienes debilidad en tu carácter. Has desarrollado carácter cuando puedes decir «no» a cualquier acción que no vaya de acuerdo con tus principios éticos, a pesar de que la tentación te esté acechando. Cuando puedes alejarte de lo que te daña, es porque tu carácter se ha fortalecido.

Mentir. Cuando se hace algo incorrecto se dice una mentira para cubrir otra, y así sucesivamente, sin percatarse de que todo en la vida al final sale a la luz. Aun cuando nadie se enterara de la verdad, estás deshonrándote tú mismo cuando mientes. Es mejor el dolor y el impacto que puede producir una verdad en un momento dado, que la mentira que se prolonga y destruye lentamente el corazón de quien la conoce. La mentira genera mucha ansiedad y angustia en el corazón de quien la dice.

Dejar de cultivar en la esposa el «diálogo emocional». El diálogo emocional es ése en que hablas y te sientes comprendido; hablas sin temor a ser criticado ni juzgado. Sientes que puedes tocar el corazón de la otra persona. Propiciar el diálogo emocional es desnudar tu interior y mostrarte tal y cual eres, sin ningún temor, y llegar a conocer de forma profunda a la otra persona, porque has propiciado que te muestre su corazón. Es como si te diera permiso para entrar a lugares del corazón que usualmente no son visitados por todos. Hablar con la esposa no es una pérdida de tiempo, es una inversión que rinde innumerables ganancias para toda la familia.

Dejar la crianza de los hijos solo a su esposa. Pensar que a ella le corresponde darle amor y a él suplir sus necesidades económicas, es una idea equivocada. Ambos en la pareja tienen el deber de amar, comprender, y dar tiempo de calidad y cantidad a los hijos. El hombre de la historia quería justificar su infidelidad, explicando que él había sido muy responsable y que a sus hijos no les faltaba nada. No solo de pan viven los hijos. Además de lo económico, ellos necesitan tiempo y una enseñanza de valores respaldada por el ejemplo de sus padres. También necesitan enseñanza espiritual y divertirse junto a sus padres. Papá jamás debe ser solo un proveedor o un «padre almacén», a quien la familia acude cuando tienen una necesidad material. Papá debe tener un corazón que late por su familia.

Concentrar su esfuerzo en su trabajo y colocarlo en primer lugar, por encima de Dios y de su familia. El trabajo jamás puede sustituir las relaciones de amor, comprensión y cariño. En la vida tiene que haber balance, y debes ser muy cuidadoso cuando le estás asignando lugares de prioridad a los diferentes aspectos de tu existencia. Muchas veces los hombres se identifican tanto con los compañeros de la oficina, que logran más vínculos con ellos que con su propia familia. Esta situación es terreno fértil para que surjan relaciones de infidelidad. Mientras más vínculos emocionales hagas con los tuyos, menos probabilidades tienes de ocupar tu mente en lo que te va a traer desgracia. Fíjate que te hablo específicamente de vínculo emocional, porque hay personas que viven bajo un mismo techo pero no se comprenden ni comparten íntimamente. Recuerda siempre que no puedes volver atrás ni tampoco puedes recuperar el tiempo perdido. Por tanto, camina con cuidado por la vida porque jamás pasarás de nuevo por el mismo lugar.

Descuidar el amor y las atenciones con sus hijos. Cuando el hombre se enamora de otra mujer es como si perdiera el conocimiento, la cordura y me atrevería a decir que hasta los sentimientos hacia los suyos. No se percata del dolor de sus hijos ni de la necesidad que tienen de verlo cada día en su hogar compartiendo con ellos y su mamá. Si no era muy comunicativo y cariñoso, ahora es menos, y si era muy atento, la familia va a percibir con más rapidez el cambio. Desgraciadamente, el hombre que se enamora de otra mujer estando casado no mide consecuencias y cuando lo hace a veces es muy tarde, tal y como le pasó a Julio.

ESTRATEGIAS PARA QUE EL HOMBRE RENAZCA

Atiende tu vida espiritual. Abre tu corazón a la presencia de Dios. Él te ama y quiere lo mejor para ti. Reconoce quién tú eres. Eres un hijo de Dios digno y valioso; por tanto, actúa como alguien valioso. Para ello, decide desde hoy en adelante ser fiel y respetarte a ti mismo. No basta con querer ser fiel. Para lograrlo necesitas agarrarte de tu conciencia espiritual. Mantén tu mente ocupada en el bien, en lo correcto y logra dominio propio. En lugar de enfocar tu pensamiento en la otra mujer, ora pidiendo fortaleza. También puedes leer libros de reflexión y, por supuesto, la Biblia.

Haz lo que es recto de acuerdo al máximo código de ética: «La Biblia». Dos de los diez mandamientos dicen: «No cometas adulterio y No codicies la mujer de tu prójimo...» (Deuteronomio 5.18, 21). Dios dejó estas reglas para preservar nuestra vida emocional, espiritual y hasta física. Frente a las encrucijadas que se te presenten en la vida, ten siempre en cuenta los diez mandamientos antes de tomar cada decisión. Si descubres que tu decisión violenta uno de ellos, descarta esa opción. Si lo quebrantas, las consecuencias son dolor y sufrimiento. Obedece, porque en la obediencia hay bendición y en la desobediencia hay maldición, y hasta puedes llegar a la muerte emocional o física.

Estudia los mensajes que Dios te da a través de La Biblia para que puedas luchar contra la infidelidad. Lee Proverbios 5.3–9 y observa las recomendaciones que te da contra la infidelidad. «De los labios de la adúltera fluye miel; su lengua es más suave que el aceite. Pero al fin resulta más amarga que la hiel y más cortante que una espada de dos filos. Sus pies descienden hasta la muerte; sus pasos van derecho al sepulcro. No toma ella en cuenta el camino de la vida; sus sendas son torcidas, y ella no lo reconoce. Pues bien, hijo mío, préstame atención y no te apartes de mis palabras. Aléjate de la adúltera; no te acerques a la puerta de su casa, para que no entregues a otros tu vigor, ni tus años a gente cruel».

Estos versículos te explican que la mujer extraña te enlaza con sus «dulces» palabras y te advierten que después que caes en esa dulzura, las consecuencias son amargas como el ajenjo. Esto no significa que la mujer es la responsable de esa infidelidad del hombre. Independientemente de cómo haya sido la seducción, cada uno es responsable de sus actos. Piensa y evalúa cuán digno y valioso eres. ¿Valdrá la pena que entregues tu dignidad a otra mujer? Proverbios 6.32 dice: «Pero, al que comete adulterio, le faltan sesos; el que así actúa se destruye a sí mismo».

Evita intimar de forma emocional con otra mujer que no sea tu esposa. Relacionarte tan íntimamente con una persona del sexo opuesto, es una de las situaciones que enredan a las personas en el adulterio. Evita situaciones que establezcan un patrón o costumbre de compartir de manera muy familiar con otra mujer. Ejemplo: Almorzar solo con una compañera de trabajo todos los días, llevar y traer a una colega que no tiene transportación, recibir o hacer llamadas telefónicas continuas de una amiga de labores, ya sean generadas por ti o por ella. Si ves que una fémina de tu trabajo muestra alguna señal de interés personal, mientras más te alejes, mejor.

Visualiza las consecuencias de la infidelidad. Nunca te dejes llevar solo por la emoción; razona, evalúa y actúa sabiamente. Haz una lista de las consecuencias que te puede traer involucrarte en alguna situación que te conduzca a ser infiel. Considerar el terrible impacto que podría tener una decisión en el futuro, es un excelente disuasivo.

Cultiva el diálogo emocional. Comienza hoy a hablar con tu esposa conversaciones significativas que no tengan que ver con lo rutinario: agua, luz, casa, teléfono, escuela... Todo esto es importante, pero no es lo más relevante ni lo que más alimenta la relación. Estimúlense el uno al otro a compartir sueños como pareja. Por ejemplo: puedes preguntarle, ¿qué sueño a ella le gustaría alcanzar en los próximos cinco años? ¿Cómo piensa lograrlo? ¿Cómo tú la puedes ayudar a obtenerlo? A medida que van fortaleciendo su amor y su amistad, pueden profundizar en otros temas. Pueden compartir sus temores más hondos, sus frustraciones y sus alegrías. Hagan de sus conversaciones puentes de enlaces interesantes y divertidos. La experiencia del matrimonio puede ser maravillosa y apasionante. Sé feliz con tu esposa y tus hijos, son tu mayor tesoro. Busca conectarte con los momentos felices a través de fotos o vídeos. Haz un recuento de esas experiencias agradables. Recuerda los bellos instantes que has pasado con ella y trae a tu memoria qué fue lo que los unió. Observen juntos el álbum de fotografías de cuando tú y tu esposa eran niños. Pueden establecer una conversación comentando sus épocas más alegres durante la niñez, el momento más recordado y por qué. ¡Hasta pueden rememorar el día que perdieron su primer diente! Todos estos temas proveen oportunidades para expresarse con libertad y para ir desnudando poco a poco el corazón. El hombre se engrandece cuando se esfuerza por compartir esos ratos de intimidad emocional con su esposa, a la vez que para él es muy saludable sacar emociones de su alma. Más adelante, según se practica la comunicación de sentimientos, el hombre va ganando confianza hasta que puede hablar del momento más doloroso de su vida y cómo lo superó, o si por el contrario, todavía hay pena en su corazón.

Decide siempre decir la verdad aunque en el momento signifique dolor, sufrimiento o implique enfrentar una disciplina. Mentir viola uno de los diez mandamientos, así que estás violentando tu código de ética. Pregúntate: ¿por qué mientes? Piensa un momento. ¿Mientes porque tienes miedo a enfrentar la realidad, por miedo a una venganza, por vergüenza, por pena o lástima a herir a alguien? Sin embargo, no te das cuenta que al mentir prolongas el dolor, la ansiedad, no tienes paz y te sientes con un secreto dentro de tu corazón que te hace daño espiritual, emocional y físico. Además, la mentira te hace esclavo de alguien o de algo. Supongamos que tienes una novia y ya están comprometidos para casarse. De repente, te das cuenta de que vas a cometer un error si te casas con esa mujer, pero ya están los preparativos de la boda. Tienes dos opciones: enfrentas la realidad y se lo confiesas a tu novia y aguantas todo el llanto, la crítica y los posibles insultos que se dan en ese momento dado, o decides callar para evitar la situación embarazosa y aguantas el vía crucis de toda una vida. De ninguna manera tiene ventajas el mentir. La verdad nos hace libres, nos permite caminar por la vida con seguridad y nos convierte en personas confiables. Chocaste un automóvil y nadie te vio, pero decides confesarlo porque te sientes mal con tu conciencia. Le dejas una nota al dueño revelándole la verdad y afrontas tu responsabilidad de arreglarle el automóvil. Mi esposo lo hizo hace cuarenta y dos años cuando estudiábamos en la Universidad de Puerto Rico. Cuando vi ese acto de dejar una nota con su información pegada al parabrisas del automóvil que dañó, me sentí feliz de tener a un novio que actuara con honestidad. Los años no han podido borrar ese recuerdo.

Comparte con tu esposa la responsabilidad de criar, educar y jugar con tus hijos. No basta con ser un «padre almacén» (papá proveedor), papá tiene que estar presente en el beso, el abrazo, la conversación de problemas, en presentar posibles soluciones, en consolar, a la hora de estudiar... En cada aspecto de sus vidas, el hombre debe estar presente. Posiblemente te estés preguntando, pero ¿tengo que estar pendiente de lo económico y de besar y abrazar a mis hijos? Nunca veas el dedicarle tiempo a tus retoños como una obligación. Debes verlo como una gran inversión de amor en la que recibes el placer de servirles, la gran satisfacción de ver el fruto de tu esfuerzo en sus vidas, y la enorme recompensa de gratitud y amor. Hasta el final de tus días y aun después de morir, seguirás viviendo en la memoria de tus hijos.

Te voy a contar un gran secreto de amor. Siempre fui muy apegada a mis padres y mi papá era mi superhéroe. Hoy, a mis sesenta años, lo que recuerdo no son los juguetes ni la comida que nos compró, lo que recuerdo son los días en que jugamos juntos, los días que recogíamos los tomates de la siembra que había plantada detrás de nuestra casa, y las dalias que sembramos en la jardinera y que un buen día florecieron. Recuerdo las Navidades en que adornamos un pino que apenas había crecido un pie y medio. Papi, mis hermanos y yo lo adornamos con una guirnalda de bombillas grandísimas. Nunca lo he podido olvidar por la gran desproporción entre el árbol y las bombillas, pero fue un evento espectacular en la vida de nuestra familia. Esa actividad fue para mí como el encendido de la Navidad de la ciudad de Nueva York. También recuerdo el día en que me caí y me llevó al hospital. Después de haberme curado, me llevó a un paseo en la lancha del pueblo de Cataño; ¡fue como si hubiéramos ido a Disney World! Me acuerdo hasta de los pantalones cortos de cuadros azules y anaranjados que yo tenía puestos ese día. El impacto de amor que recibí en aquel momento ha sido inolvidable. En esa época yo tenía unos nueve años. Los recuerdos de amor, comprensión y ternura no se borran nunca de nuestra vida, a pesar de que mi papá ya hace treinta y siete años que murió. Es maravilloso sentir que somos una prioridad para nuestros padres. Comparte con tus hijos las actividades de su predilección. Esas vivencias nadie se los podrá arrebatar de sus vidas porque quedaron grabadas para siempre en sus corazones. El tiempo termina con los juguetes, con los trabajos y con todo lo que puedes ver a simple vista, pero nunca podrá arrancar el amor, las caricias, la ternura y las bellas memorias que tú sembraste en el corazón de tus hijos.

EJERCICIOS REFLEXIVOS PARA EL HOMBRE

Contesta con sinceridad estas preguntas:

1. ¿Has sido infiel alguna vez?

   - ¿Cuáles fueron las consecuencias de tu comportamiento?
   - ¿Cómo te sentiste contigo mismo y con tu familia durante y después de la situación?

- ¿Le recomendarías a otro la experiencia del adulterio como algo fascinante, que te hace sentir joven? ¿Por qué?

- Si ahora estuvieras experimentando una relación de infidelidad y la muerte te sorprendiera como les ha pasado a otros, ¿te gustaría dejar ese recuerdo en el corazón de tus seres queridos?

- ¿Qué has hecho para enmendar tu error?

____ Pedir perdón a Dios.

____ Pedir perdón a tu esposa.

____ Pedir perdón a tus hijos, si es que se enteraron.

____ Has tenido paciencia para ganarte la confianza de tu esposa otra vez.

____ Te has esforzado por demostrar tu arrepentimiento.

____ Has corregido los errores que cometiste y que te llevaron a esa relación de infidelidad.

2. Evalúa tu itinerario de trabajo, las horas que dedicas a tus pasatiempos y a tus amistades. Después de tus horas de trabajo, ¿el tiempo de tu familia es lo principal o lo sigues fraccionando hasta dedicarle una migaja de tiempo? Se le dedica más tiempo a lo que es una prioridad.

- ¿Te estás excediendo en el tiempo que le dedicas a otras actividades que no son tu familia?

- ¿Quieres seguir viviendo como si fueras soltero?

- ¿Qué modificaciones puedes hacer para crear balance entre tu familia y tu trabajo o tus pasatiempos?

3. ¿Acaricias a tus hijos aunque ya sean jóvenes?

4. Después de haber reflexionado, ¿te has dado cuenta de que puedes mejorar tu calidad de vida?

5. Menciona cuáles son los elementos que puedes mejorar en el desarrollo de tu vida familiar.

ERRORES COMETIDOS POR LA MUJER EN ESTOS CASOS

Perder de vista pequeños detalles en el comportamiento de su esposo que revelan que ha comenzado un proceso de infidelidad. Por ejemplo: cambio de vestimenta, cambio en el horario de llegar a la casa, llamadas misteriosas, celulares escondidos, facturas de teléfono desaparecidas, etc.

Creer a ciegas en lo que le dice el esposo aunque sus acciones lo contradigan. Ella confió totalmente en él cuando lo confrontó con sus dudas y él negó la infidelidad. Rara vez las personas que están siendo infieles lo admiten. Por lo general, el infiel no quiere perder a su esposa, así que aunque ella lo vea con la otra mujer en una situación comprometedora, lo niega hasta el final.

Asumir una actitud pasiva en la que el hombre percibe que no hay límites ni consecuencias por sus malas acciones. El derecho a la fidelidad debe estar bien delineado en una relación y los efectos de faltar a esa fidelidad también. Es decir, que si el esposo es infiel, debe saber de antemano lo que la mujer hará si descubre su falta.

Divorciarse sin que mediara antes una conversación con un profesional de la salud mental. Muchas veces hasta la infidelidad, si se detecta a tiempo y se toman las medidas correctas, puede manejarse con sabiduría, y lograr salvar el matrimonio. No obstante, hay casos en que después de someterse a un proceso terapéutico, la mejor solución es el divorcio, ya sea porque el hombre quiere seguir con la esposa y con la amante, o porque la mujer no es capaz de sobreponerse en ese momento a la traición.

ESTRATEGIAS PARA QUE LA MUJER FLOREZCA

Dedícale tiempo y esfuerzo a tu relación. Las buenas relaciones de familia requieren mantenimiento y evaluar en qué condiciones están, qué necesitan y cómo se pueden reavivar sin experimentar desconfianza ni temor. Nunca vivas con miedo a perder a alguien en una relación. Como dice en 1 Juan 4.18 "...el amor perfecto echa fuera el temor", pero en la olla del amor necesitas estar pendiente de lo que estás cocinando. ¿Tiene la temperatura correcta, tiene la sazón adecuada, están todos los ingredientes ya incluidos? ¿Los miembros de tu familia poseen estabilidad emocional o demuestran que pueden resolver las dificultades que se presentan en el diario vivir? ¿Pueden dialogar con respeto sobre temas en los cuales difieren y se compadecen cuando uno de su familia tiene un problema? ¿Saben perdonarse cuando se ofenden y tienen misericordia cuando alguno ha cometido un error? Todos estos elementos son de gran importancia en la olla de la familia y debes estar vigilante para poder restablecer el balance cuando, por una u otra razón, se pierda. Valora y cuida uno de los tesoros más preciados: tu familia.

Acepta la realidad y confronta a tu esposo con tus dudas. Si percibes cambios que te sugieren que algo raro está pasando, busca el momento adecuado para hablar sobre el tema en forma sosegada. Elimina los gritos, las palabras soeces y el llanto desgarrador estilo novela, ya que estas acciones te impiden ser asertiva en la consideración de un problema. El coraje te impulsa a decir y a hacer cosas que después vas a lamentar, pues no aporta nada al análisis de una situación. Exprésate con firmeza y demuestra que estás en control. La firmeza no se manifiesta gritando. Cuando gritas exhibes inseguridad, frustración e impotencia. Deja salir lo mejor de ti en ese momento tan importante, y apela al razonamiento y al corazón de ese hombre. Nunca tomes decisiones tan trascendentales como el divorcio, basándote en información sin fundamento o en un momento de coraje. Evalúa y mantente alerta —con sabiduría— cuando escuches comentarios acerca de que tu esposo te está siendo infiel. Si descubres que es un hecho real, no pierdas la cabeza. Haz un plan de acción:

a. Confronta a tu pareja de manera adecuada, aunque después de que él se ausente llores y sufras tu frustración. Demuestra siempre que estás en control; que lo amas, pero que puedes vivir sin él porque tienes dignidad y no vas a tolerar —bajo ninguna circunstancia— que tenga otra mujer.

b. Detecta cuán sumergido está en la infidelidad, para que evalúes si todavía se puede hacer algo por salvar la relación.

c. Observa su comportamiento, actitudes y lenguaje no verbal. Observa si muestra un arrepentimiento genuino, si está dispuesto a terminar por completo la relación de adulterio y si en el fondo de su corazón, él no quiere perder a su familia.

d. En todo momento mantente firme y en control emocional, reconociendo tu valor y dignidad, mientras él pasa por el proceso de confrontación. Ten presente que si te muestras débil rogándole y negociando lo que sea con tal de que no se vaya, le estás diciendo con tus actos que puede seguir siendo infiel porque eres incapaz de vivir sin él. Si en la evaluación mental que haces él demuestra que quiere restaurar su matrimonio y está realmente arrepentido, establece las condiciones que tú quisieras para continuar la relación. Jamás aceptes seguir una relación matrimonial sabiendo que tu esposo tiene otra mujer.

Practica la congruencia entre lo que dices y lo que haces. Solo así lograrás tomar control de tu vida y tu opinión será respetada. Si estuvieras en una asamblea, esto significaría tener voz y voto. Jamás debes estar solo de oyente en el hogar. El respeto se gana con acciones atinadas y demostrando estabilidad en tu comportamiento.

Busca ayuda profesional. Antes de comenzar cualquier proceso de separación o divorcio, la pareja debe darse la oportunidad de ir a un consejero matrimonial. El divorcio es un asunto muy serio y demasiado triste, tanto para la pareja como para los hijos; por tanto, los cónyuges deben haber agotado todos los recursos en el proceso de restaurar su relación. Mientras haya la oportunidad de restaurarla, hay esperanza. Pero ambos deben estar en la disposición de colaborar para que el proceso se dé y debe haber perdón con un plan de acción para lograr una restauración total de la familia.

EJERCICIOS REFLEXIVOS PARA LA MUJER

1. Menciona en orden de importancia a qué cosas le temes en la vida y por qué.
2. Si eres casada, ¿qué aspectos de tu matrimonio todavía están muy débiles?
3. Piensa qué acciones puedes tomar para fortalecer y enriquecer tu relación de pareja.
4. ¿Qué áreas de tu vida necesitas sanar?

SEMILLAS DE AMOR

Abrázate a tu familia hoy, es el mayor tesoro que Dios te ha regalado.

Capítulo 4

HORROR 13

Creer que todo lo que no sale bien en el hogar o en la familia es por «culpa» de tu esposa y que todos los logros y triunfos que se alcanzan son gracias a ti.

HORROR 14

Permitir que los problemas de disciplina con los hijos afecten la relación con tu esposa.

HORROR 15

Pensar que te casas solo con tu novia y no con la historia familiar o el equipaje emocional que ella trae, producto de las experiencias que vivió en su hogar.

El matrimonio es un asunto muy serio y una decisión que afecta tu vida para siempre, sea para bien o para mal. Es importante señalar que esa mujer con quien vas a casarte tiene familia y, aunque no lo desees, también te vas a enlazar con esa parentela y vas a compartir con ellos el gran proyecto que significa tu propia familia.

Tu novia o esposa traerá muchas costumbres y características de su hogar de origen. Si es una familia conflictiva, esa mujer posiblemente tendrá en su equipaje emocional muchos rasgos de los que caracterizan a su familia y que te pueden llegar a afectar a ti y a los hijos que tengas con ella. Si la influencia de su familia fue positiva, te beneficiarás porque lo más seguro es que haya desarrollado una buena salud emocional y estará ligada a ellos por el amor, mientras que si fue negativa, es posible que esté distanciada por el rencor y los conflictos.

Cuando tienes un mapa sabes a dónde quieres llegar, pero sin una ruta trazada llegas a cualquier lugar.

De una u otra forma, su familia de origen influirá a la nueva familia formada, ya sea con su amor o con sus conflictos. Aquí no vale el comentario popular: «Yo me caso con ella, no con su familia» o «Yo me caso con él, no con su familia». En realidad, cuando llegas a esta etapa tan crucial de tu vida, te casas con todo y con todos: con todo su equipaje emocional, espiritual y físico, y con todo el grupo familiar.

Es necesario que tengas estructurado, en tu mente o por escrito, cuáles características anhelas en esa persona con quien quieres compartir toda tu vida. Cuando tienes un mapa sabes a dónde quieres llegar, pero sin una ruta trazada llegas a cualquier lugar. ¿Cuáles son las características que deseas ver en una mujer?

El hogar es un proyecto de amor que un hombre y una mujer deciden construir con el esfuerzo de ambos, en beneficio de todos. Ambos necesitan aportar lo mejor de sí mismos y, para lograrlo, cada uno debe reconocer aquellas áreas débiles en su propio carácter y en el de su pareja, de tal manera que puedan ayudarse mutuamente para llegar a superarlas.

El matrimonio jamás debe constituirse en una lucha de poder para ver quién es el más apto o quién aporta más en la relación. Tanto el hombre como la mujer son responsables del desarrollo físico, emocional y espiritual que capacitará a sus hijos para la vida. Los triunfos y los fracasos, las alegrías y las lágrimas de los hijos las deberían recoger papá y mamá. No obstante, la realidad es otra. Muchísimos hogares solo cuentan con mujeres —literalmente solas— que están llevando toda la responsabilidad, desde lo económico hasta esforzarse por llenar las necesidades emocionales.

> **Tanto el hombre como la mujer son responsables del desarrollo físico, emocional y espiritual que capacitará a sus hijos para la vida.**

El propósito de Dios para el hogar es que tú como hombre dotado de amplias capacidades, ocupes un lugar de gran importancia en el desarrollo de la familia. Tu presencia es insustituible en la vida de tus hijos y de tu esposa. Si no cumples con tus deberes ella lo tendrá que hacer, pero eso no es lo ideal. Asume tu responsabilidad y no dejes espacios en blanco en la vida de tus hijos. Hay obligaciones que no se pueden delegar: los hijos son una de ellas.

Este secreto de vida no lo conocía Oscar, quien fue un hombre de negocios de carácter férreo, muy decidido, muy buen proveedor y que se jactaba de que a sus hijos jamás les faltaron los últimos juguetes de moda, ni la piscina, ni los mejores automóviles. Él siempre fue el que «mandaba» en la casa y su esposa se limitaba a obedecer todo lo que su «amo» le ordenaba, además de llevar a los hijos a las diferentes actividades curriculares y extracurriculares. Oscar pensaba que la madre es la que tiene la obligación de llevar los hijos al médico, al dentista, visitar la escuela; en fin, para este hombre la responsabilidad de papá se limitaba a lo económico. Esta mujer trabajaba fuertemente en el hogar y se esforzaba todo el tiempo por mantenerlo en orden y satisfacer las necesidades emocionales que Oscar, como papá «fantasma», no llenaba.

Mientras los niños fueron pequeños ella logró mantener el hogar en control, pero al llegar la adolescencia, empezaron los conflictos. Ya los niños no se amedrentaban cuando el padre alzaba la voz; tampoco hacían todo lo que él les ordenaba. De repente, aquel hombre que se sentía poderoso en su hogar comenzó a sufrir porque los problemas familiares iban creciendo y él se sentía impotente para resolverlos. Dos de los hijos se fueron al oscuro mundo de las drogas, y la hija salió embarazada de un hombre casado que tenía seis hijos y que nunca se ocupó de ella ni de su bebé.

La esposa de Oscar estaba en medio de la tragedia, porque era quien encubría las faltas de sus hijos por miedo a lo que ella pensaba que podía ser «una desgracia». No se daba cuenta de que ocultarle a su esposo lo que los hijos hacían, los estaba conduciendo a un desastre aun mayor: la delincuencia. Así no se evitan las tragedias. Él la culpaba constantemente por el caos que se había generado en la familia y era incapaz de comprender que su violencia había contribuido en gran medida a crear esa catástrofe familiar.

En fin, Oscar le siguió añadiendo vientos a aquella tormenta que se había desatado en el hogar, porque además de todo el maltrato emocional al que tenía sometida a su familia, hacía quince años que sostenía una relación con una amante. Incluso, cuando la visitaba a veces se llevaba a algunos de sus hijos. El dinero que generaba en su negocio era suficiente para mantener a las dos mujeres con todas las comodidades, por lo que él se sentía con derecho a tener dos relaciones a la vez. Lo que Oscar no pudo comprar con su dinero, ni para él ni para su hogar, fueron dos elementos imprescindibles en la formación de una familia: paz y seguridad.

Es interesante notar cómo las personas que por años mantienen un comportamiento que provoca tanto dolor, estén tan sumergidas en sus conflictos que vivan ajenas al estado de caos que genera su actitud en el hogar. Cuando este hombre pidió consejería, él se sentía víctima de toda la situación. Los primeros minutos en que explicó su problema decía lo siguiente: «¡Cuánto he trabajado para mi familia! ¡Les he dado todo lo que necesitan, los mejores juguetes, los mejores tenis... pero la mamá es la culpable porque no me dijo muchas cosas!».

Oscar no había comprendido lo que significaba hacer del hogar un proyecto de amor planificado con cuidado, y ejecutado por el padre y la madre. Ese proyecto incluye suplir las necesidades básicas, como albergue y alimentación, pero también abarca demostraciones de amor, aceptación, respeto, diálogo, disciplina y encaminarlos hacia el conocimiento de Dios en su desarrollo espiritual. Formar un hogar saludable no es cuestión de suerte, es un asunto que exige un plan trazado conscientemente y con paciencia. Todo lo que es excelente cuesta, pero rinde frutos excelentes. El resultado de un hombre y una mujer comprometidos con su familia, es tener unos hijos estables que le pueden hacer frente a los embates de la vida y que, a su vez, cuando lleguen a la adultez podrán diseñar una estructura familiar saludable.

Oscar aprendió a un precio demasiado alto cuáles fueron los errores cometidos. Fue necesario trabajar con él primero para luego hacerlo con su esposa y sus hijos. A pesar de saber que su esposo siempre la había engañado con otra mujer, ella se había mantenido en esa relación matrimonial enfermiza por miedo a la confrontación, por evitar que sus hijos se criaran sin su padre y por el temor a quedar desprovista de seguridad económica para sostener su hogar. ¡Qué triste es vivir con miedo a la gente y máxime a un esposo, quien se supone sea el amigo íntimo, el confidente y el amante fiel de su esposa! Los problemas no se resuelven solos y cuando no se enfrentan y se le buscan soluciones, crecen, no menguan.

Toda mujer anhela un hombre que pueda demostrar equilibrio y dominio propio en su vida, y que sea capaz de enfrentar los conflictos más grandes con templanza y serenidad. Una dama admira al varón que es capaz de buscar salidas prudentes a los problemas más serios, manteniendo siempre la esperanza.

Descubre las promesas de Dios para ti. No vivas jamás atemorizado ni atemorizando a los que te aman. Desgraciadamente, hace más daño un mal padre presente que un mal padre lejos del hogar. El constante mal ejemplo hace muchísimo daño al desarrollo emocional de los hijos. Decide hoy ser un padre excelente, a quien sus hijos puedan imitar y recordar siempre con amor y ternura. ¡Tú lo puedes lograr! ¡Atrévete a ser diferente!

ERRORES COMETIDOS POR EL HOMBRE EN ESTOS CASOS

Comportarse como si se creyera superior a su esposa. Dios creó al ser humano con igualdad de derechos, aunque desempeñando diferentes roles. La autoridad que debe ejercer el hombre en el hogar debe estar cimentada en el amor y la firmeza. Se respeta la autoridad y el liderato cuando se recibe amor, un buen ejemplo y respeto. Los hijos deben ver que los padres se respetan el uno al otro, y que ambos están de acuerdo en las normas y en la disciplina que aplican en el hogar. Llevarle la contraria a la esposa en público o frente a los hijos, mandarla a callar o referirse a ella de manera despectiva son ejemplos de faltas de respeto. Puedes pensar diferente a tu esposa en un tema, pero se puede diferir con educación. Jamás debes mandar a callar a tu esposa y cuando te refieras a ella hazlo por su nombre, porque cuando dices «a esta no le gusta...», parece que hablas de un objeto. La relación entre esposo y esposa es de igual a igual, pues ambos fueron creados por Dios con un propósito. Las diferencias entre ambos, además de las físicas y emocionales, estriban en los roles que desempeñan. No obstante, a pesar de éstas, nada justifica que el hombre o la mujer se esclavicen el uno al otro en la relación.

No establecer un vínculo emocional con su esposa y sus hijos. Un vínculo es una unión que debe edificarse sobre una base de amor, respeto y dignidad. Este armonioso enlace se logra al conversar, observar, conocer íntimamente e identificar las necesidades y las virtudes de la gente que amas. También se obtiene compartiendo y divirtiéndose juntos. Vínculo emocional es ver y percibir más allá de las palabras que escuchas; es comprender cómo se siente una persona en una situación particular, aunque no sea correcta la actitud que asuma. Significa escuchar y dialogar sin juzgar para poder enseñarle el camino correcto. Por ejemplo: en el caso de la joven que salió embarazada del hombre casado, ella tenía miedo de decirle la noticia a su papá porque conocía lo violento que era y le temía a su reacción. Por ello me pidió que la acompañara en ese momento tan difícil. Yo le podía decir: «Si fuiste mujer para tener relaciones sexuales, ahora atrévete a decírselo tú sola». Sin embargo, cuando hay un vínculo emocional somos compasivos y comprendemos que las personas se equivocan por inmadurez, por desconocimiento o por rebeldía. Nuestra misión es ayudarlos a levantarse; comprender y ver más allá de lo que el acto de desobediencia quiere expresar. El padre de esta joven no logró un vínculo emocional con sus hijos, porque no sabía escucharlos y siempre estaba en posición de juzgar y castigar. Este hombre creó una familia con órdenes y castigos; era como si delante de él hubiera un pelotón del ejército. La familia no se adiestra para la vida con un estilo militar. A los hijos se les equipa para vivir, enseñándoles con tu ejemplo que el amor de Dios debe ser el centro de sus vidas. También debes sembrar en su corazón los frutos del Espíritu: amor, gozo, paz, paciencia, benignidad, bondad, fe, mansedumbre y templanza. Cuando estos elementos están grabados en el corazón de los tuyos, no importa cuán difícil sea la situación, tienen la paz mental para ver alternativas en la solución de problemas. Además, tienen la esperanza de que hay un Dios grande que posee el control en aquellas áreas que para los humanos son imposibles. Nadie puede dar lo que no tiene. La gran noticia es que si no lo tienes, lo puedes aprender. Estás a tiempo, hazlo y te convencerás de que un corazón fortalecido en la fe y la esperanza es tu mejor herramienta para la vida y para tu familia. La fe y la sensibilidad se obtienen al seleccionar sabiamente lo que entra a tu cerebro a través de los sentidos: lo que ves, lo que escuchas y lo que hablas. Todo lo que es bueno y edifica cuando entra en tu cerebro, va transformando tus pensamientos y estos cambian tus acciones. Solo sensibilizándote estarás alerta a las necesidades de los demás.

Ser autoritario en lugar de ejercer la verdadera autoridad. El hombre autoritario infunde miedo, mientras la autoridad infunde respeto. Cuando un niño está pequeño, un adulto maltratante lo puede amedrentar, pero cuando crece y se ve de igual a igual en cuerpo con su padre, lo reta. Es como si le dijera a su padre: «Ya no te tengo miedo». El miedo puede ser temporero, pero el respeto es para siempre. El respeto es un tesoro preciado que se gana con el ejemplo, la integridad y la perseverancia. Por esa razón es que prevalece toda la vida. Estén presentes las autoridades o no, el respeto te dirige a actuar como si lo estuvieran.

Maltratar a su esposa. El hombre de esta historia fue un pésimo ejemplo para sus hijos en conducta, actitudes y el trato hacia su esposa. Los niños necesitan ver a su papá tratando con amor y respeto a su mamá. Esta conducta les permite desarrollar aprecio y consideración hacia su madre y hacia la figura de la mujer. El niño que ve cómo su padre maltrata a su madre, puede copiar su conducta agresiva o puede repudiarlo por el daño que le hizo a su mamá.

Ser infiel a su esposa. Cuando los niños son pequeños no entienden muchas cosas que hacen los adultos, pero al crecer comienzan a explicarse lo que no comprendían antes por ser ingenuos. La fidelidad es una virtud que los padres deben grabar en el corazón de sus hijos. El ejemplo de los padres es de vital importancia para lograrlo. Cuando un padre es infiel y, además, comete el horror de llevar a sus hijos con él a ver a la amante, está grabando una actitud negativa en el corazón de sus hijos. Los padres piensan que su hijo no entiende lo que está pasando y no se dan cuenta de que los hijos crecen y empiezan a entender la realidad que ignoraban cuando eran niños. Ante esta experiencia negativa de exponer a los hijos a la infidelidad, unos decidirán ser infieles como su papá y otros decidirán ser fieles, porque no quieren imitar la conducta que les ocasionó tanto dolor a ellos y a su familia. Cada niño procesará la información de diferente manera. Procura ser un buen ejemplo digno de imitar.

No instruir a sus hijos en el área espiritual. Los primeros años en la vida de un niño son los mejores para instruirles en la vida espiritual y enseñarles quién es Dios. En esa etapa, el corazón tierno del niño asimila todo lo bello, lo poderoso y lo maravilloso que es Él. Es el mejor momento para enseñarles que cuando uno solo no puede o se siente débil ante una situación, no debe perder la esperanza porque Dios siempre está para fortalecernos. Es muy importante señalar que la primera imagen de Dios que tienen los niños son sus papás. Ellos son los responsables de proteger, cuidar, suplirlas necesidades, perdonar, enseñar... y así mismo es Dios con nosotros.

Culpar a su esposa del caos familiar. Tanto el hombre como la mujer son responsables del clima que prevalece en el hogar. Se cometen errores, tanto por hacer (acción) como por dejar de hacer (omisión). En el caso que presentamos, la agresividad de él impidió que hubiera una comunicación sana con su esposa y sus hijos. Aunque no es correcto que la esposa le oculte al hombre información sobre situaciones del hogar, él promovió esa conducta porque no sabía manejar conflictos y respondía con violencia ante cualquier conflicto familiar. El no admitir su responsabilidad en lo concerniente a los problemas de los hijos, denota inmadurez de parte del hombre.

ESTRATEGIAS PARA QUE EL HOMBRE RENAZCA

Busca ayuda profesional. Cuando te das cuenta de que tú solo no puedes solucionar tus problemas asertivamente, tienes que buscar a alguien capacitado que te enseñe a modificar tus malos hábitos de conducta: ¿Cómo vencer la infidelidad? ¿Cómo manejar el coraje? ¿Cómo comunicarse con efectividad? ¿Cómo tener autoridad sin ser autoritario?

Dialoga con tus hijos. Si como en este caso todavía no reconoces que tienes un problema de agresividad, reúne a tus hijos, dialoga con ellos y explícales que necesitas que te digan con honestidad qué les gustaría que cambiaras. Mientras te hablan, demuestra con tus actitudes y palabras de afirmación, que estás dispuesto a escucharlo todo porque anhelas ser feliz con tu familia. Pídele perdón a Dios y a los que has perjudicado con tu mala manera de vivir, perdónate a ti mismo y decide que —con la ayuda de Dios— emprenderás una nueva vida con tu familia. Cuando los padres admiten que se han equivocado y les piden perdón a sus hijos, su imagen se engrandece ante sus ojos, y el amor y el respeto se fortalecen.

Diseña una estructura para tu familia. Convoca una reunión y hablen sobre los cambios que desean incorporar para crear una estructura de organización familiar; un orden que defina los derechos y las responsabilidades de cada miembro. Este nuevo sistema debe estar basado en el respeto. Papá y mamá serán los líderes y se pondrán de acuerdo antes de presentarles un asunto a los hijos. Luego, entre todos los miembros de la familia anotarán las normas que regirán el comportamiento, las cuales pueden colocar en un lugar visible del hogar. Cada miembro conocerá qué se espera de él y qué consecuencias habrá cuando se quebrante ese código. Cada uno podrá expresar su punto de vista y diferir, sin faltarle el respeto al otro; esto incluye a los padres, quienes también deben respetar a sus hijos. Lo importante es que cada uno piense siempre en el bienestar de la familia antes de actuar. Es bello que se fomente la unidad, el respeto, el perdón y el amor entre todos sus miembros.

Evalúa las tristes consecuencias del adulterio. Visualizar las repercusiones espirituales, emocionales, económicas y hasta físicas que causa la infidelidad te ayudará a no caer de nuevo en esa amarga experiencia.

Desarrolla la paciencia necesaria para ganarte nuevamente la confianza de tu familia. Informa cuando por alguna razón justificada vas a llegar más tarde. No te enojes cuando tu esposa, en esos primeros meses después de haberse enterado de tu infidelidad, te haga preguntas sobre el tema. Piensa cómo te sentirías si hubieras sido tú el traicionado. Proponte en tu corazón decir siempre la verdad y no mantengas ocultas las facturas de teléfono. Estos detalles simples le van comunicando a tu esposa que la amas y que anhelas que ella vuelva a confiar en ti.

Sé un buen modelo digno de imitar. La falta de buenos modelos en el hogar ha creado una generación sedienta de encontrar a alguien a quien imitar. Por esta razón se ve a niños, jóvenes y adultos emulando a artistas que, en muchos casos, muestran una conducta indeseable que no debería copiarse. Aprende a actuar como Jesús, un modelo digno de imitar. Aprende de su amor, su paz, su compasión, su capacidad para perdonar y su entrega, y actúa de acuerdo a nuestro Código de Ética: La Biblia. Es bello escuchar a un hijo decir: «Yo quiero parecerme a mi papá».

Aprende a ser un padre que inspira respeto. De acuerdo a la descripción que se hizo de lo que significa ser un padre autoritario y uno con autoridad, ¿qué tipo de padre te consideras? Decídete por ser un papá con autoridad. Ese a quien los hijos aman, admiran y respetan grandemente porque les ha enseñado con el ejemplo, y cuando les disciplina lo hace con firmeza, pero con un gran amor. Disciplinar con firmeza significa que los hijos necesitan ver las consecuencias de su mal proceder, pero a la vez deben sentir tu amor al aplicar esa disciplina. Hay padres que reprenden con ira, maltratan con golpes y con palabras hirientes. En esos casos el hijo no puede apreciar ni amor ni firmeza. Este otro tipo de disciplina es incorrecta; lo que trae como consecuencia es rebeldía y amargura. El progenitor que respeta la dignidad de sus hijos y piensa siempre cuál es la mejor forma de decirles las cosas; el que ama y respeta a su esposa y le manifiesta ese amor delante de sus hijos; el que trabaja y se esfuerza, pero que también separa el tiempo para compartir y divertirse con su familia, ¡ese sí es un verdadero hombre de respeto y valor!

Define la relación que tienes con tu esposa y comprométete a que sea una de igualdad. Pregúntate si tomas en cuenta la opinión de tu esposa o si, por el contrario, la tratas como un ser inferior a quien tú manejas a tu antojo. Esto no solo ocurre a nivel consciente, pues a veces inconscientemente las personas toman decisiones sin consultarle a su cónyuge. Esta actitud degrada a la mujer a un segundo plano, al no darle la oportunidad de participar en los asuntos familiares. Desde ahora en adelante mira a tu esposa como un ser excepcional, como la compañera que va a estar contigo en los buenos momentos y en los malos.

Recuerda la ley de la siembra y la cosecha: todo lo que tú siembras, recoges. Trátala con respeto y dignidad para que ella también lo haga contigo. Se enseña con el ejemplo.

Déjale saber a tu familia que siempre estás disponible para escucharlos. Esta actitud les demuestra cuán importantes son para ti. Hoy día papá y mamá trabajan fuera del hogar; llegan cansados, hacen otras tareas en el hogar y luego ven televisión. Cuando uno de los miembros de la familia quiere hablar le dicen: «¡Shhh, que estoy viendo esa escena! ¡Espera que venga un anuncio!». Se comienza a hablar en el momento del comercial y luego, cuando continúa otra vez el programa, hay otro «¡Shhh!, shhh!». La comunicación en el hogar se ha convertido en pausa y volvemos, pausa y volvemos. Así jamás se logra una comunicación efectiva y menos una comunicación que logre un vínculo emocional, porque se le está manifestando sin palabras a los hijos que el programa es más importante que lo que ellos puedan decir. El vínculo que se está dando en los hogares es con los programas televisivos y los artistas. Recuerda que la televisión y los programas siempre estarán, pero los años pasan y la familia se nos escapa.

Ama a tus hijos, pero nunca permitas que las diferencias que tengas con ellos afecten la relación con tu esposa. Algunos hombres no ejercen su autoridad y culpan a sus esposas porque los hijos llegan tarde o porque no hacen las tareas. Esto trae mucha fricción en la relación. Es mejor que hables con ella y se pongan de acuerdo en las cosas que van o no a permitir. El compartir la responsabilidad los va a unir en propósito, y los hijos no van a ver debilidad en la relación; por tanto, sabrán que no podrán manipular a ninguno de los dos.

Cultiva tu vida espiritual. No quiere decir que vivas en una nube lejos de la realidad, sino que le enseñes a tus hijos que, además de alimentar el cuerpo físico, hay una vida interior que también necesita ser alimentada. Es muy necesario que tú y tu esposa enseñen a sus hijos desde pequeños a asistir a la iglesia de su preferencia. El mejor legado que les puedes dar a tus hijos es que aprendan a confiar en Dios y a amar a los que les rodean. Muchos dicen, ¿por qué asistir a la iglesia? Sin embargo, la gente no se pregunta, ¿para qué ir al supermercado?, ¿para qué ir a la panadería?, ¿para qué ir al puesto de gasolina? Nadie se pregunta nada de esto porque dan por hecho que es necesario adquirir unos productos para el diario vivir. Pues, el compartir en la iglesia es de vital importancia para llenar tu vida espiritual. Los domingos, muchos padres hacen culto al carro, a la pintura, al corte de grama, al bote; pero cuando los hijos tienen quince años y comienzan a darles problemas, entonces dicen: «Pastora, le voy a llevar a mi hijo para que me lo arregle». Estas fueron palabras textuales de una madre. Ese día me sentí como si yo fuera mecánica y el hijo de la señora fuera un automóvil que estaba fallando y que me lo traía para que yo se lo reparara. ¡Ojalá fuera así de fácil!; pero no lo es. Vayan juntos a la iglesia y enséñenles cuán bueno y dulce es Dios, y cómo siempre los escucha, los perdona y los ayuda a enfrentar los embates más fuertes de la vida. El visitar la iglesia, cantar, orar y leer la Biblia juntos une a la familia y la fortalece. Ocúpate de actuar en tu hogar como lo haces en la iglesia. La doble vida que practican algunas personas, que en la iglesia exhiben un comportamiento y en el hogar otro, es una práctica muy dañina en la enseñanza de un niño y en el desarrollo de tu vida espiritual. Los niños aprenden lo que ven y no lo que escuchan. Si desde que nacen mantienes esta fórmula de enseñanza con ejemplo, tienes garantizado el éxito y serás un hombre excepcional. ¡Tú lo puedes lograr! Si, por el contrario, ahora que tienes este conocimiento ya tus hijos son adolescentes, empieza tú a dar el ejemplo de buscar a Dios. Cuando se sorprendan de los cambios que vas haciendo en tu vida, ellos te van a seguir. Los adolescentes observan detenidamente si practicas lo que les enseñas; eso significa integridad. Ellos detestan la hipocresía y la religiosidad. Estos dos términos se enlazan porque la religiosidad implica todas las prácticas externas de la religión, aunque no haya cambios internos en el corazón de la persona. Cuando en la iglesia eres una cosa y en la casa vives otra, el adolescente te ve como un hipócrita. Si quieres ser efectivo con tus hijos, practica y vive lo que les enseñas. No pierdas la esperanza nunca, porque si eres perseverante y paciente verás el fruto en tu familia.

Entrega todo tu ser a Dios y confiesa en este momento: «Señor, te amo con todo mi corazón, y anhelo tener la sabiduría para dirigir mi hogar y la fortaleza para rechazar todo lo que pueda afectar mi vida y la de mi familia. Te entrego mis ansiedades, mis temores y mis debilidades, y confío en que no habrá nada que Tú y yo no podamos enfrentar. Me comprometo a ser fiel a ti, a mis principios y a mi familia. Amén».

EJERCICIOS REFLEXIVOS PARA EL HOMBRE

Después de haber leído la historia de Oscar, es bueno meditar sobre tu historia.

1. ¿Qué imagen tienes de tu esposa o de la figura de la mujer?
2. ¿Cuál es el rol que Dios diseñó para el hombre en el hogar; de líder o de déspota?
3. ¿Logras comunicarle a tu esposa y a tus hijos que los amas y te ocupas de ellos?
4. ¿Tus hijos perciben que respetas y amas a tu esposa?
5. ¿Qué concepto crees que tienen tus hijos de ti?

ERRORES COMETIDOS POR LA MUJER EN ESTOS CASOS

Aceptar que el esposo la maltratara a ella y a sus hijos. Adoptar una actitud de sumisión pasiva y servil, perpetúa el ambiente de inseguridad y sufrimiento en el hogar. Cuando los hijos crecen, le recriminan a su madre por qué se quedó en esa relación y permitió que ellos sufrieran. Además, la mujer pierde valiosos años de su vida que no volverá a recuperar. La actitud pasiva le dice a la otra persona, sin palabras: «Sigue actuando así que yo siempre estaré a tu lado; estás actuando muy bien». Seguir a un hombre ciegamente sin cuestionar lo que está incorrecto es condenarse al sufrimiento y a la mediocridad. Las personas llegan hasta donde tú les permites llegar.

Renunciar al derecho de darse a respetar. La conducta pasiva y de dejar hacer a las personas lo que quieran con tu vida, hace que los demás vean o perciban que eres débil, que te pueden manipular y que pueden hacer lo que se les antoje porque estás ahí indefensa. Esta actitud se puede evidenciar incluso en aquellas personas que gritan y cantaletean, pero no toman acciones correctas. Además, muchas personas la demuestran en silencio cuando se hacen de la vista larga, o no manifiestan indignación o imponen consecuencias cuando las situaciones lo ameritan. El respeto es una joya preciosa que se adquiere con una manera congruente de pensar y actuar. El respeto se gana, no se impone, y los hijos interpretan rápidamente la realidad de su hogar. ¿Quién o quiénes son las figuras de autoridad? ¿A quiénes les tienen que dar cuentas? ¿A quiénes pueden doblegar? ¿A quiénes pueden manipular? ¿Cuáles son los límites de su conducta?

Tolerar infidelidad por temor a quedarse sola. Muchas mujeres aceptan este comportamiento porque desean que sus hijos se críen con su papá y por la seguridad económica que el hombre les brinda. Otras no quieren perder a ese hombre porque creen que no pueden vivir sin él. Incluso hay quienes prefieren soportar el maltrato por supuestamente «no darle el gusto a la otra». Estas actitudes son propias de las mujeres que sienten que valen poco y se creen insuficientes. Jamás debes tener temor de hacerle frente a la vida.

Guardarle rencor al hombre que te fue infiel. El rencor te mantiene esclavizada a la persona que te hizo la ofensa. La persona que no perdona sigue sufriendo perpetuamente, mientras el ofensor sigue el rumbo de su vida y hasta es posible que se olvide de lo que pasó. El que odia es como una marioneta que se mueve por la acción del titiritero. El que no perdona le da poder al ofensor para que mueva los hilos de su vida desde el pasado, llenándolo de sufrimiento. La Biblia te enseña a perdonar, te instruye a amar a tus enemigos y te exhorta a no vengarte porque Dios, en su justicia perfecta, lo hará por ti.

Ocultarle al padre los problemas de los hijos. Por temor a la conducta agresiva del hombre, muchas mujeres deciden, equivocadamente, no comentar las situaciones peligrosas en las que se ven involucrados los hijos, creyendo que de esa manera evitan problemas. Otras, aunque sus esposos no son violentos, les ocultan situaciones de sus hijos, tratando de cubrirlos para evitar una disciplina o intentando evitarles la frustración que a veces genera la corrección. La disciplina no produce alegría en el momento, pero el producto final forma el carácter. Cuando privas a tus hijos de las consecuencias de sus desobediencias, los privas a su vez de la lección o el aprendizaje que podrían derivar de esa experiencia. Al hacerlo, perpetúas conductas que les destruirán su vida poco a poco. Los conflictos se deben resolver, no se deben evitar. El no enfrentarlos hace que crezcan sin límites. Un libro de matemáticas tiene muchos problemas y todos tienen solución, aunque no sepamos los procedimientos para resolverlos. Lo importante es desarrollar las destrezas para aprender a solucionar aquellos conflictos que, en un momento dado, nos parecieron imposibles de resolver. Cuando te enfrentes a situaciones difíciles, busca orientación de alguien capacitado que te ayude a visualizar posibles alternativas para solucionarlas. En la familia jamás deben existir secretos.

ESTRATEGIAS PARA QUE LA MUJER FLOREZCA

Prográmate para amar y nunca odiar. El amor es una decisión. El mensaje central del Evangelio es amar a Dios sobre todas las cosas y a tu prójimo como a ti mismo. Para aprender a amarte a ti misma y a amar a los demás, primero debes amar a Dios, quien es la fuente del verdadero amor. Si Dios creó a cada ser humano con todo su amor, ¿cómo vas a odiar a los que son creación de Dios, aunque cometan errores? Debes ver a los que te han hecho daño como criaturas en quienes todavía no se ha perfeccionado el amor.

Por tanto, prográmate para amar; tú puedes lograrlo. De amor nadie se ha muerto, pero de odio y rencor muchos han enfermado y hasta han muerto. Sin embargo, amar al prójimo no quiere decir soportar que te maltraten, pues el principio del amor comienza amándote a ti misma. Amar a veces implica reprender a quienes amas, pero reprenderlos con amor. El amor debe ser firme.

Perdona tanto al que te fue infiel como a la mujer con quien te engañó. La mayoría de la gente dice: «Todavía no siento perdonarlo o perdonarla». Si esperas sentir deseo de perdonar no lo vas a lograr nunca, porque es muy difícil perdonar al que te fue infiel, al que te violó o a quien asesinó a un familiar muy querido. Perdonar también es una decisión. Ten presente este principio: «Primero va la acción y después la emoción». Las personas viven presas de las «ganas». Muchas veces dicen: «No tengo ganas de tal cosa»... Sin embargo, lo primero debe ser la acción de decir «lo perdono» y luego vendrá la satisfacción de lograrlo. El cerebro dirige la acción hacia el pensamiento que fijas. Una vez tomas la decisión de perdonar comienza el proceso de sanidad emocional, hasta llegar el momento en que puedes recordar el evento, pero ya no te hace daño. Mientras se logra el proceso de sanidad llegarán momentos de coraje, en los que recordarás la ofensa. No niegues lo que sientes, pero exterioriza tu indignación verbalmente sin permitir que la ira se apodere de ti. Cada vez que sientas que estás a punto de airarte, razona y visualiza que si dejas que ese mal pensamiento se apodere de ti, te estás convirtiendo en una nevera llena de comida vieja que envenena al que la ingiere. Cuando experimentas ira y ansiedad, el cuerpo segrega una serie de hormonas que actúan como un ácido dañando tus órganos. Cuando logras perdonar, ya eres libre.

Aprende a detectar lo que te hace daño y libérate de ello. En la vida debes sentirte en la libertad de renunciar a todo aquello que sientes que te hace daño, aunque otros te digan que no es nada malo. Es importante reconocer que tienes el derecho de elegir aquellas experiencias que respondan al amor y no falten a tu dignidad. Si estás en un matrimonio en el que está en riesgo tu seguridad física o emocional, es perfectamente válido que busques la manera adecuada de salir de ese patrón de maltrato. Como diría la psicoterapeuta y escritora norteamericana Robin Norwood: «Cuando amar significa sufrir, es que estamos amando demasiado».

Identifica tus miedos y decídete a enfrentarlos. Reflexiona en torno a los miedos que te impiden valorarte, para que puedas identificar cuál es el temor más profundo que te mantiene paralizada tolerando lo intolerable. Solo después de ese proceso introspectivo, podrás enfrentar tus temores y llevar a cabo la acción correspondiente. Declara que no tolerarás ningún maltrato bajo ninguna circunstancia. Recuerda que Dios está a tu lado siempre como poderoso gigante y no habrá nada que tú y Él juntos no puedan afrontar. Dios te dará la sabiduría para desarrollar las estrategias que necesites para enfrentar la vida. Fíjate en estos versículos tan esperanzadores para tu vida: «Sólo en Dios halla descanso mi alma; de Él viene mi salvación. Sólo él es mi roca y mi salvación; Él es mi protector. ¡Jamás habré de caer!» (Salmo 62.1–2).

Establece límites y no permitas que los demás los traspasen. En toda relación es imprescindible trazar límites. Si no los has trazado hasta ahora, busca ayuda profesional para que te ayuden a salir del círculo del maltrato. Los límites son invisibles, no están escritos, pero son poderosos y envían una señal sin palabras a todo el que se nos acerca, en especial al cónyuge: «No puedes pasar de ahí, no te lo voy a tolerar». De esta manera, el respeto siempre estará presente en la relación y se tratarán con dignidad. Las personas te tratarán como tú les demuestres con tus acciones que deben hacerlo. Asume una postura de mujer valiosa, de seguridad. No necesitas luchar con nadie por el poder. Tú eres valiosa porque Dios te creó y el que vale no tiene que luchar un lugar de respeto, pues ya lo tiene. Recuerda que no importa quién te crió ni lo negativo que te decía, lo importante es quién te creó. ¡Eres muy especial!

Aprende a comunicarte con libertad. Identifica por qué no te atreves a comunicarle a tu esposo situaciones que surgen en el hogar, tales como: malas notas, accidentes automovilísticos, llevarse el carro sin permiso, problemas de drogas, salidas nocturnas, malas amistades, etc. Si descubres que es un miedo real por la seguridad de tus hijos debido a que él los puede agredir físicamente, debes evaluar de inmediato tu matrimonio. Una relación jamás debe estar basada en el miedo. Lo más recomendable sería buscar ayuda profesional para resolver primero el problema de violencia y luego incorporarlo a él a la solución de problemas con los hijos. Un matrimonio que no se puede comunicar libremente es perjudicial para el desarrollo saludable de la familia. Papá y mamá deben estar al tanto de todo lo que ocurre con sus hijos y deben ponerse de acuerdo en las decisiones que les afecten.

EJERCICIOS REFLEXIVOS PARA LA MUJER

1. ¿Cuál es la diferencia entre una actitud activa y una pasiva?
2. ¿Qué actitud asumes en tu hogar?

3. Evalúa tu desempeño en tu casa. ¿Proyectas miedo o inspiras respeto?

4. ¿Has pasado por la experiencia de la infidelidad? ¿Qué actitud asumiste cuando enfrentaste el problema?

SEMILLAS DE AMOR

Es maravilloso sentirte protegido y a salvo en el hogar. Exprésale tu amor a tu familia con palabras de elogio y abrazos de aceptación.

CAPÍTULO 5

HORROR 16

Enamorarte de una mujer de mal genio, celosa e inmadura, y creer que tu amor la cambiará.

HORROR 17

Abandonar una relación sin dar una explicación: irte a la huida por temor a enfrentar la realidad.

HORROR 18

Exigir derechos sin cumplir con tus deberes. Esperar que la mujer te respete sin tener la más mínima consideración con ella.

HORROR 19

Casarte y querer seguir llevando vida de soltero.

A pesar de que el hombre se ha distinguido siempre por ser razonador y poco emocional, es curioso ver cómo también cae en las redes del amor irracional. Los hombres, al igual que las mujeres, se enamoran locamente y creen en la «magia del amor». Esa magia que les hace creer que todo lo negativo de su pareja cambiará cuando se casen. Estoy convencida de que muchos hombres, aunque ellos no lo quieran admitir, creen también en el final perfecto de los cuentos de hadas: «Se casaron y fueron felices para siempre». ¿Por qué estoy convencida? Porque en todos estos años que he dedicado a la consejería he visto que son innumerables los que se casaron enamoradísimos de la que hoy es su esposa, y todavía no pueden creer que tengan tantos problemas con ella. Lo que resulta contradictorio es que su esposa conserva básicamente las mismas cualidades que poseía cuando eran novios y, sin embargo, con el paso de los años esas mismas cualidades hoy día son aborrecidas por él. ¿Qué sucedió que no las vio antes? Estaba viviendo lo que se conoce como la etapa del enamoramiento. Durante ese periodo la persona no ve nada negativo en su pareja.

Es innegable que las personas en la etapa de enamoramiento, cuando se están conociendo, tienden a mostrar lo mejor que hay en ellas y ocultar las áreas oscuras, los defectos de carácter y otras debilidades. Por esta razón «posan» del lado que mejor «saldrán en las fotos» que ese enamorado les está tomando cada día. Si a este comportamiento le añadimos que el enamorado tiene los ojos virtualmente cerrados a cualquier debilidad que se pueda percibir, nos dará como resultado una gran sorpresa después del casamiento.

Es en el matrimonio donde los enamorados «que tenían sus ojos casi cerrados» al fin los abren, y cuando los que estaban dormidos quedan despiertos y de pie ante la realidad. Aquí es que empieza «el lloro y el crujir de dientes». Por tanto, el hombre debe ser muy cuidadoso en esa evaluación que está haciendo de su enamorada, para que la pueda ver más allá de la ilusión y de lo que ella quiere mostrar en la relación. Debes recordar, como ya lo he dicho antes, que la etapa de enamoramiento se prolonga por dos años o incluso más tiempo en personas que son inmaduras, que no tienen criterios de evaluación o que no han tenido buenos modelos.

Hasta que tú no seas capaz de ver tanto las debilidades como las fortalezas en esa mujer, estás en la etapa de enamoramiento. Si todavía la ves perfecta, detente y evalúala con cuidado porque, de lo contrario, después que te cases percibirás las debilidades que pueden hacer que te arrepientas toda la vida, dejando las huellas de un sinnúmero de experiencias amargas. He aquí un hombre que hizo caso omiso a las señales de peligro que constantemente le anunciaban que su relación iba a ser problemática.

Roberto era un hombre alegre, amistoso y creía que se las sabía todas. Era muy guapo y adondequiera que iba llamaba la atención. En todas las relaciones que había estado, él se sentía siempre en control porque pensaba que sabía

> El hombre debe ser muy cuidadoso en esa evaluación que está haciendo de su enamorada, para que la pueda ver más allá de la ilusión.

muy bien lo que buscaba en una mujer. Roberto confesó que salía con las mujeres dos o tres veces, tenía relaciones sexuales con ellas y si veía algo que no le gustaba, no las volvía a buscar más. Así que cuando se cansaba de una relación amorosa, dejaba de ver a esa mujer, de llamarla y sin despedirse ni ofrecer ninguna explicación, huía como un fugitivo. Desaparecía como si se lo hubiera tragado la tierra y así continuaba «*disfrutando*» de su vida de soltero, que para él era «*sagrada*». No le importaban los corazones rotos que dejaba a su paso, ni la debilidad de carácter e inmadurez que denotaba su falta de compromiso.

Roberto tenía ideas equivocadas del matrimonio, como por ejemplo: «Aunque me case seguiré disfrutando de mis fines de semana con mis amistades y seguiré manteniendo mi pasatiempo de carros de carrera, gústele o no a la mujer que escoja para casarme». Ese pasatiempo le absorbía gran cantidad de dinero. Mientras Roberto tenía estos pensamientos, conoció a Yolanda. Ella era una mujer preciosa, pero muy fuerte de carácter. A ella le gustaba dominar en la relación y además de eso era muy celosa, lo que demostraba que era insegura e inmadura. Roberto se enamoró perdidamente de esta mujer.

Aquel hombre que se creía sabihondo, que hacía alardes de que estaba siempre en control y que terminaba las relaciones amorosas cuando él quería, quedó atrapado en el enamoramiento porque en realidad cubría su inseguridad con una apariencia férrea. Aquellas salidas con ella una y otra vez culminaron en una relación de noviazgo por un año. Los primeros meses fueron de gloria, pero a medida que pasaba el tiempo, ella fue dando señales de los graves conflictos que llevaba en su interior. Llegó el momento en que ella le cuestionaba por todo: la hora, las llamadas (él era un vendedor, lo llamaban mujeres y hombres de otras compañías); en fin, se convirtió en un noviazgo lleno de conflictos, separaciones y reconciliaciones. Pero Roberto estaba «*enamorado*» y se hizo realidad el refrán que dice: «El amor es ciego». El enamoramiento es la fase más primitiva del amor. Una vez se pasa esa etapa se alcanza la madurez en esa relación de amor. Es en esta fase que ya reconoces las debilidades del ser amado, pero puedes analizar si son aceptables o si son unas que no puedes negociar. Si son de las aceptables, a pesar de ello el amor prevalece. Por otro lado, en esta segunda etapa del amor, la pasión aunque sigue presente, le da paso al afecto, la ternura y la amistad. Lo que comienza como enamoramiento, si se cultiva y se deja madurar, alcanza su máxima expresión en la compasión, que implica ponerse en el lugar del otro. Por esta razón es que el maltrato no tiene espacio en el verdadero amor.

Roberto no se dio el tiempo para que la atracción madurara. Cuando se dio cuenta de que las faltas de su novia eran evidentes, comenzó la racionalización para justificarse a sí mismo el seguir adherido a aquella mujer que lo había cautivado. Así que pensó: «Cuando nos casemos vamos a estar siempre juntos, ella se sentirá segura de mi amor y ya no será tan celosa ni tan fuerte de carácter. Con mi amor y mi paciencia yo la voy a transformar». Además, se decía a sí mismo: «Todas las mujeres tienen defectos y debilidades, perfecto es solo Dios. Si sigo escogiendo nunca me casaré, porque los defectos que no tienen unas los tienen otras».

Dios no instituyó el matrimonio para que fuera un vía crucis, lo creó para que se disfrutaran y se complementaran el uno al otro.

Así Roberto racionalizaba una y otra vez la conducta de Yolanda. Con todos esos argumentos que él creó en su mente decidió casarse con ella. Por fin, llegó el gran día anhelado y aquel hombre que se jactaba del control que siempre tenía en todas las relaciones anteriores y de cómo dejaba fácilmente a las mujeres cuando no le convenían o se cansaba de ellas, quedó atrapado en la pasión del enamoramiento y se casó. ¡Qué triste realidad! Cuando pasó la magia de la novedad, quedaron al descubierto en su máxima expresión la inmadurez y el mal carácter de aquella mujer. Lo más lamentable es que cuando llegaron a mi consulta llevaban cinco años sobrellevándose uno al otro, en medio de muchísimos conflictos y con dos hijos viendo todo el tiempo un mal ejemplo en ese caos familiar.

Dios no instituyó el matrimonio para que fuera un vía crucis, lo creó para que se disfrutaran y se complementaran el uno al otro. No obstante, durante el noviazgo muchas personas cierran los ojos a la realidad, ignoran las grandes señales de peligro que aparecen a cada momento y se obstinan en ver «su realidad»; la que anhelan y sueñan. Esa realidad inexistente les dirige a formalizar una relación enfermiza y conflictiva. Obvian aquella señal de peligro con luces de neón que les advertía «precipicio adelante», y por desgracia se dan cuenta cuando ya están casi sin vida, en lo más profundo del abismo.

Lo irónico de este caso es que este hombre no fue a buscar ayuda para él, porque consideraba que los problemas de la relación eran generados solo por su esposa. Él no se daba cuenta de que también tenía conductas equivocadas. Nadie puede cambiar si no admite que tiene problemas en ciertas áreas.

Muchos hombres y mujeres deambulan por la vida quejándose de la mala suerte que han tenido en el amor. Tal parece que el amor fuera un juego de azar en el que no sabemos si vamos a ganar o a perder. Por esa razón la gente sigue «jugando», para ver si se gana el premio. No obstante, ése no es el camino correcto para edificar una buena relación en la que se experimente el verdadero amor. Para lograrlo es necesario tener sanidad emocional y espiritual. No se puede hacer una buena elección si nuestra vida interior está llena de errores y conflictos que impiden tener la conciencia necesaria para hacerla. Debes comenzar reconociendo tus errores y conflictos y desarrollar un plan de acción para cambiar todo aquello que te impide mantener una relación sana. Si no lo haces de esta manera y continúas buscando diferentes mujeres esperando tener la «suerte» de encontrar el, continuarás escribiendo capítulos equivocados en el libro de tu vida.

ERRORES COMETIDOS POR EL HOMBRE EN ESTOS CASOS

Creer que el amor es suficiente para transformar todos los aspectos negativos de la pareja. El amor es uno de los elementos más importantes en el desarrollo de una relación; sin embargo, el amor solo no es suficiente. Además de este se necesita comprensión, sensibilidad, entrega, compromiso, deseo honesto de cambiar, compartir la misma visión y la convicción de que juntos, con la ayuda de Dios, podrán vencer todas las dificultades que se les presenten. Tú puedes amar a tu pareja y la puedes motivar a que haga cambios en beneficio de la relación. No obstante, si ella no reconoce que está actuando mal, no va a hacer nada al respecto. Nadie cambia a nadie. Ni siquiera Dios obliga a la gente a cambiar. Él te ama, te muestra el camino de la bendición y de la maldición, y te deja escoger. No te engañes con falsas esperanzas de modificar la conducta de los demás. Tú solamente puedes transformar tu manera de vivir, pero no la vida de nadie. Sé realista; la única vida que puedes vivir es la tuya.

Irse a la huida sin dar una explicación. Abandonar una relación sin mediar palabra habla mucho del carácter de un individuo. Este hombre veía a las mujeres como juguetes que él podía desechar cuando se aburriera. Con esta actitud dejó ver los lados oscuros que él también tenía: inseguridad, incapacidad para comunicarse y miedo a enfrentar la realidad.

Señalar defectos en la pareja y no advertir sus propios errores. El hombre de la historia se quejaba de los defectos de su esposa, pero fue incapaz de identificar sus debilidades de carácter. Lo que no pudo ver este hombre es que escogió una mujer inmadura e insegura porque, precisamente, él era un hombre inmaduro e inseguro. No puedes exigir ni esperar de otros lo que no estás dispuesto a practicar tú mismo.

Casarse con la expectativa errónea de que podía seguir su vida de soltero, sus salidas semanales con sus amistades y su afición a los carros de carrera. Casarse significa compromiso y dedicación a una familia que comienza desde el momento en que se contrae matrimonio. En este nuevo panorama aparecen otras responsabilidades que implican trabajo, compromisos económicos, superación personal, y tiempo de calidad y cantidad para tu familia. En fin, el tiempo que te queda libre, ¿no crees que es mejor dedicarlo a tu familia? Si en realidad quieres seguir con tu vida de soltero, no debes casarte.

Actuar con prepotencia, como si lo supiera todo. Si quieres tener éxito en la vida debes tener presente que siempre hay oportunidad de aprender. Debes reconocer con humildad que hay áreas en las que necesitas orientación y asesoramiento de personas más capacitadas, como: consejeros de familia, psicólogos, psiquiatras, pastores, sacerdotes, etc. Por otro lado, es importante señalar que no basta con estar dispuestos a buscar y recibir la ayuda. Si no pones en práctica las recomendaciones, cometerás los mismos errores una y otra vez, y estarás reciclando los problemas continuamente.

Creer que tiene control absoluto de la relación. El hombre de la historia trataba a las mujeres como si fueran objetos que podía tomar y dejar cuando él quisiera. Jamás debes adoptar esa actitud inhumana de jugar con los sentimientos de los demás. Las personas sufren tus desaciertos y siempre la vida te pasa la factura de las injusticias que cometes. Trata siempre a los demás como te gusta que te traten a ti.

No aceptar que el amor lo hace vulnerable y lo puede dirigir a tomar decisiones equivocadas. El amor es un regalo de Dios que te transforma en un ser sensible, misericordioso y comprensivo. En esa envoltura de amor vienen también las esperanzas, la paciencia y la pasión. Todas esas cualidades son bellas y te hacen vibrar de alegría, pero si no las sabes canalizar, te conviertes en un ser muy vulnerable. El diccionario define vulnerable: Que puede ser herido o recibir lesión, física o moralmente. Quiere decir que cuando se ama, te puedes exponer a albergar falsas expectativas en nombre de ese amor, a no ver la realidad de las características de la persona amada y a cubrir sus debilidades pensando que el amor lo cura todo. De ahí surge el conocido refrán: «El amor es ciego». El secreto está en amar sin perder la razón y sin perder la dignidad. Enamorarte sin que la razón esté alerta te hace cometer grandes y graves errores. Roberto se quedó disfrutando solamente de la dulzura del amor y dejó de razonar. Se desenfocó, cayendo así en una relación con alguien que no le convenía.

Permitir conducta y actitudes incorrectas en la etapa de novios y luego, al casarse, querer que todo sea perfecto. El período de noviazgo es para conocerse y comunicarse abiertamente sus sueños, anhelos y sus frustraciones, pero también para decirse aquellas cosas que no les agradan y que no están dispuestos a negociar. Las parejas obvian esa realidad. El hombre de esta historia siempre decía que no estaba dispuesto a negociar ni los celos compulsivos ni el comportamiento agresivo. Sin embargo, lo toleró y se casó, con la falsa esperanza de que ella iba a cambiar.

Tener relaciones sexuales sin casarse. Cada día son más las parejas que comienzan a tener relaciones sexuales antes del matrimonio. Cruzar este límite paraliza el proceso de conocerse, porque ya los enamorados están deseosos de verse solo para interactuar sexualmente y no para compartir ideas, sentimientos y experiencias que contribuyan a conocerse mejor y a edificar una relación sólida basada en la razón y la realidad y no en la falsa arena movediza de la pasión.. Cada etapa en la vida tiene una razón de ser y unos privilegios. Las relaciones sexuales constituyen la iniciación en el matrimonio, con todo el compromiso que ello implica. Cuando se altera el orden de esas etapas o se omite alguna de estas, siempre hay consecuencias negativas. ¿Por qué tener tanta prisa por vivir, en lugar de disfrutar cada instante que no volverá a repetir? Cada etapa tiene sus encantos, disfrútalas.

Conformarse con una mujer celosa y de mal genio por creer que todas las mujeres tienen defectos. Esta racionalización es mitad cierta y mitad falsa; por tanto, es falsa. No existe un ser humano perfecto, pero hay debilidades que se pueden negociar porque no te hacen daño o porque para ti carecen de importancia. En cambio, hay otras características negativas que te pueden traer mucho dolor, sufrimiento, angustia, y consecuencias para toda tu vida. Considera algunos aspectos que no se deberían negociar: la irresponsabilidad, ya sea en el trabajo, en el hogar o en las cuentas a pagar; la infidelidad; y la insensibilidad, entre otras. Cada persona decide de acuerdo a la escala de valores que rige su vida, y cada individuo recogerá lo que sembró durante su relación de noviazgo.

Resignarse a perpetuar un matrimonio conflictivo. Muchos hombres no se separan de sus esposas maltratantes porque han perdido la esperanza de encontrar la mujer que llene sus expectativas. Otros lo hacen por temor a la soledad o por no separarse de los hijos. Algunos se adaptan al sufrimiento pensando que ese es el estado natural del matrimonio. Y hay quienes se quedan en relaciones infernales por una falsa esperanza de que la persona cambiará. También hay hombres que se autocastigan, pues sienten que no se merecen algo mejor. Si por desgracia te casaste con la persona equivocada, no te rindas ni te conformes con vivir una vida miserable, tolerando lo intolerable. Si te das cuenta de que no tienes idea de cómo trabajar la situación, busca ayuda, pero jamás te resignes al sufrimiento.

ESTRATEGIAS PARA QUE EL HOMBRE RENAZCA

Prepara una lista de todas las cualidades que te gustan de tu novia y otra de las que te disgustan. Conversa destacando primero las cualidades positivas de tu pareja y luego señala aquellas que no te gustan. Programa tener una conversación en la que le expreses con un tono de voz agradable, pero firme, el porqué de tu incomodidad o disgusto, y permítele también a ella expresar su parecer. Tener una conversación donde expresen su malestar o dolor, y puedan escucharse el uno al otro sin juzgarse ni criticarse, tiene resultados extraordinarios. La crítica saca lo peor de cada individuo, pero lo que se expresa con amor extrae los tesoros más valiosos y profundos de cada corazón. Después de ambos hablarse y escucharse, pueden analizar cómo se puede mejorar la relación y entonces trazar un plan de acción. Siempre debes tener en tu mente y en tu corazón que todo problema tiene solución, pero las soluciones hay que trabajarlas. No puedes dejar que el problema se resuelva solo o que con el tiempo se disipe. En cualquier esfera de la vida los problemas que no se hablan ni se les buscan soluciones crecen cada vez más, y un buen día estallan, destruyendo todo lo que encuentran a su paso. Es mejor pasar unos minutos por el reto de enfrentar los problemas, que prolongar el dolor toda la vida por no atreverte a enfrentarlo.

Identifica una cualidad no negociable de tu novia y dile claramente que no estás dispuesto a tolerarla. Si ella persiste en su actitud, ¿te atreverías a tomar la decisión de terminar con ella o estás atrapado en la relación? Reconoce que el amor sin razonamiento puede dejarte atrapado, no importa cuán fuerte y seguro te sientas de ti mismo. Por eso debes estar siempre alerta a las señales dañinas que pueden darse en la relación y buscar ayuda profesional si no logras salir de ese amor obsesivo. Aprende a amar con el corazón y con la razón. Ningún amor justifica el que se pisotee tu dignidad. El verdadero amor respeta, considera y valora.

Observa otras parejas que conociste muy de cerca desde que eran novios, para que puedas internalizar que el amor y el casamiento no cambian a la gente. Identifica cuántas de esas parejas se han divorciado y cuántas siguen unidas, pero continúan con hábitos que siempre les han generado conflictos. Ese ejercicio te puede servir para darte cuenta de que muchas personas se quedan sumidas en sus mismas debilidades. Esto no quiere decir que la gente está condenada a morir con sus malos hábitos. Se pueden lograr cambios en la conducta, siempre y cuando las personas reconozcan sus fallas y estén dispuestas a someterse a un proceso de restauración.

Analiza cómo inviertes tu tiempo. El día tiene veinticuatro horas. Si dedicas ocho horas a dormir, dos horas en el tránsito (que, por lo general, es muy pesado) y nueve horas en el trabajo (incluyendo la hora de almuerzo), ya tienes diecinueve horas comprometidas. Solo te quedan cinco horas disponibles. De esas cinco piensa en los imprevistos (reuniones del trabajo, la escuela o la iglesia, entre otras). Ya te quedaría aproximadamente una hora para compartir con tu familia. ¿Crees que sería justo y razonable que esa única hora diaria, también la comprometieras con actividades de tu anterior vida de soltero? Hacer este análisis de tu tiempo te permitirá visualizar si estás listo para comprometerte en el matrimonio. Si ya estás casado, te ayudará a valorar tu tiempo y a reenfocarte en pasar buenos ratos con tu familia

Evalúa con la razón el comportamiento de tu enamorada, contestando estas preguntas:

_____ ¿Te cuestiona las atenciones que tienes con tu mamá y tu familia?

_____ Te pregunta ¿qué haces?, ¿dónde estás?, ¿a qué hora saliste?, ¿por qué si saliste del trabajo temprano tardaste treinta minutos más en llegar a la casa?

_____ ¿Constantemente te dice lo que tienes que hacer? ¿Siempre quiere imponer sus ideas?

_____ ¿Te sientes presionado con su presencia y a veces has tomado decisiones a favor de lo que ella piensa, cediendo a la presión que ejerce sobre ti?

EJERCICIOS REFLEXIVOS PARA EL HOMBRE

1. Piensa con sinceridad qué concepto tienes de ti mismo.
2. En tu relación amorosa actual, ¿crees que rinde beneficio el tener control absoluto en la relación?
3. Describe cómo sería tu relación con una pareja con la que no tengas una lucha de poder y se complementen el uno al otro.
4. Escribe en una oración cuál tú crees que es el propósito del noviazgo.
5. ¿Qué opinión tienes de una mujer celosa? ¿La aceptarías?

ERRORES COMETIDOS POR LA MUJER EN ESTOS CASOS

Ser excesivamente celosa. Muchas personas manifiestan celos irracionales, porque no están fundamentados en hechos reales. Esos celos son producto de la inseguridad de la persona que desconfía sin que la pareja le dé motivos. Son causados por una percepción equivocada y requieren ayuda profesional. No obstante, muchas veces a las mujeres se les adjudica una etiqueta equivocada de «celosas», cuando la realidad es que el hombre tiene «antecedentes penales». En lenguaje muy mío, esto quiere decir que ha sido infiel en otras ocasiones, por lo que se ha ganado la desconfianza. Así que la mujer toma medidas para evitar que el hombre vuelva a caer. Sin embargo, si esa desconfianza prevalece pasa de ser una medida de protección y se convierte en una obsesión. Ninguna relación puede basarse en la desconfianza y el engaño. Los celos no pueden formar parte del matrimonio.

Permitirle al esposo practicar vida de soltero. Las acciones que se permiten al principio del matrimonio, se convierten en costumbres que se transforman en hábitos. Cuando tu cónyuge comience con prácticas que tú entiendes que no debes permitir, comunícaselo con firmeza, de tal manera que él se dé cuenta de que hay un límite que no puede pasar.

Ser dominante y controladora en la relación. La lucha de poder es nociva en cualquier relación interpersonal. Cuando las personas luchan por el poder, la meta es dominar y ganar porque tener control de la situación les da una falsa sensación de seguridad. Detrás de esa actitud fuerte se esconde un sentimiento de miedo e inseguridad. Es por ello que inconscientemente recurren a conductas violentas, porque amedrentando a los demás evitan que se identifique su vulnerabilidad. Las personas controladoras son incapaces de escuchar las necesidades de los demás. En la lucha por el poder triunfa el egoísmo. Lo más importante para el egoísta es su bienestar personal. Sin embargo, cuando se habla de relaciones interpersonales —y máxime en el matrimonio— lo excelente es buscar lo que beneficia a la mayoría. Cada quien tiene que esforzarse por colaborar en la satisfacción de las necesidades del otro.

ESTRATEGIAS PARA QUE LA MUJER FLOREZCA

Evalúa los celos que estás experimentando. Analiza si son producto de tu inseguridad, que te hace imaginar situaciones que son irreales o si, por el contrario, observas situaciones que en verdad evidencian una posible infidelidad para cualquier observador ajeno a ti. Algunas de las situaciones que pueden sugerir infidelidad son: cambio en el horario de llegada o salida del hogar, reuniones imprevistas de trabajo, cambios en la frecuencia de las relaciones sexuales, cambios en la forma de vestir o arreglarse, ropa interior sexy, un rejuvenecimiento súbito, un buen día comienza a alzar pesas, carreras locas por contestar el teléfono antes de que alguien más lo conteste, facturas de teléfono y de tarjetas de crédito desaparecidas, conversaciones telefónicas en clave o en susurros, y otras conductas no acostumbradas. Si has observado varias de estas acciones en el comportamiento de tu esposo, existe una posibilidad de que haya una situación real de adulterio. Si a pesar de ver esto no has pensado que pueda estar ocurriendo, debes autoevaluarte porque puedes estar experimentando negación, tal vez para evitar una realidad dolorosa. Por el contrario, si eres de las que en todo ves una señal de infidelidad, estás proyectando un grave problema de inseguridad. Por lo general, muchas personas inseguras sufrieron en la niñez algún tipo de abandono o pérdida de la figura que representaba amor y seguridad. La obsesión por no perder a la persona amada, las impulsa a celarla hasta el punto en que deterioran la relación con su comportamiento obsesivo y terminan perdiéndola, precisamente, como temían.

Construye una buena autoestima. La autoestima se construye día a día. Comienza a descubrir las capacidades que han estado ocultas en ti, porque tal vez te has quedado fijándote solo en tus debilidades. Si el mismo empeño que las mujeres ponen en ver sus «defectos», lo pusieran en ver sus capacidades y talentos, tendrían la autoestima por el cielo y lograrían todos sus sueños. Comienza a practicar algo de lo que has temido y disfruta de la sensación de logro que se produce cuando conquistas un temor.

Identifica qué prácticas indeseables has permitido que se perpetúen en tu noviazgo o matrimonio, pero que ya no estás dispuesta a tolerar. Separa el momento y el lugar oportuno para que le comuniques a tu pareja que has reflexionado sobre ciertos aspectos que han afectado la relación. Por ejemplo, si es de los que llegan en la madrugada y tú se lo has permitido, o le has gritado y peleado pero él no toma acción. En esa primera conversación, explícale con honestidad que a ti te hace sentir mal su conducta. No debes acusarlo ni amenazarlo, sino establecer un diálogo que les permita conocer lo que ambos sienten. Si a pesar de que ya le explicaste cómo te afecta su conducta, él sigue haciendo lo mismo, reúnete de nuevo con él y dile con voz clara y firme —demostrando que estás en control de la situación— que debe hacer algo al respecto. Asegúrale que no vas a permitir bajo ninguna circunstancia que continúe llegando en la madrugada. Debes dejarle claro que si su conducta se vuelve a repetir, tomarás la acción que creas pertinente (elige una consecuencia que vaya en proporción con la falta y que estés segura de que podrás cumplir).

Hace un tiempo aprendí que los caballos saben cuando el jinete tiene miedo, porque el animal olfatea una hormona que segrega el ser humano cuando siente temor. En el momento en que el caballo percibe a un jinete temeroso hace lo que quiere y no sigue sus órdenes, pero cuando siente un jinete firme, obedece su mandato. Lo mismo pasa con la gente. Al expresarse, las personas demuestran si están seguras o inseguras, y le dejan ver al otro si son capaces de cumplir con las consecuencias que le advirtieron. Cuando las personas no experimentan consecuencias por su mala acción, la continúan repitiendo.

Quítate de la lucha de poder. Cuando te veas en una situación con tu pareja en la que tengan opiniones diferentes, evalúa ¿qué es más importante para ti: ganar la discusión y quedarte con la última palabra, o prefieres escuchar bien a tu pareja, analizar la situación y que salga victoriosa la decisión que sea mejor para ambos? Hay muchísimas discusiones estériles que no tienen ningún fundamento y se perpetúan porque ninguno quiere ceder. En el análisis de las situaciones que se presentan en el matrimonio, necesitas determinar qué es lo más importante, ¿ganar la discusión o la relación? Si contestas que la relación, has aprendido la lección y tendrás éxito en la vida. Observa a una persona que hala una soga de un lado y a otra persona halando del otro lado. Ambos luchan por el poder y, en un momento dado, ambos caen al piso. No luches por el poder; esfuérzate por contribuir con lo mejor de ti para buscar soluciones, no para ganar. Tu valor como persona no lo determina quien «gane o pierda» una discusión.

EJERCICIOS REFLEXIVOS PARA LA MUJER

1. ¿Te consideras controladora, permisiva o equilibrada?

2. Si eres controladora, ¿qué crees que puedes hacer para dominar tus impulsos?

3. Evalúa tu área física, emocional y espiritual. ¿Cuál necesita más atención en este momento?

4. ¿Te consideras una mujer celosa?

5. Marca con una X aquellas conductas que estás practicando:

____ Buscas en la cartera de tu novio o esposo esperando encontrar algo que lo relacione con alguien.

____ Revisas su teléfono celular para ver qué llamadas hizo o recibió.

____ Estás pendiente de sus conversaciones telefónicas y cuando él termina de hablar le haces un interrogatorio.

____ Mides el tiempo que le toma ir del trabajo a la casa.

____ Le preguntas cómo son sus compañeros de trabajo, pero con la intención de investigar si hay mujeres y si son jóvenes, etc.

____ Si están juntos y alguien lo saluda efusivamente con un beso, ¿te molestas?

SEMILLAS DE AMOR

En el caminar por la vida, no te olvides de obedecer las señales que nos anuncian peligro, solo así evitarás mucho dolor y alcanzarás el éxito en todo lo que te propongas.

CAPÍTULO 6

HORROR 20

Creer que hablar de tus experiencias sexuales con otras mujeres, te hace lucir como un hombre interesante y de experiencia.

HORROR 21

Considerar que la impotencia sexual termina por completo con tu vida; con tu valor como hombre.

HORROR 22

Pensar que cuando se enfría la relación con tu esposa es imposible volver a reavivarla y que la mejor solución es enamorar a otra mujer para volver a sentir pasión.

HORROR 23

Creer que debes tener relaciones sexuales antes del matrimonio porque eres hombre, y que debes aprovechar todas las «oportunidades» que se te presenten.

HORROR 24

Pensar que el ser irresponsable en lo económico no es tan importante, porque a fin de cuentas, como dice mucha gente: «Todo el mundo tiene atrasos en sus pagos».

El falso concepto del machismo amenaza todo el tiempo la humanidad del hombre, al convertirlo en una máquina sexual que continuamente exige que esté listo para entrar en acción cuando surja la primera oportunidad de una mujer a la vista. Muchos hombres se perfilan como un león que está en vela, esperando que aparezca su presa para atraparla.

Este concepto equivocado de lo que representa la figura masculina, se ha ido acuñando socialmente y se ha fortalecido cada vez más de generación en generación. Tal es el extremo que muchas mujeres se han adaptado a esta forma de pensar y contribuyen, sin darse cuenta, a reafirmar y perpetuar esa imagen de «macho». ¿Cómo lo hacen? Aceptando la conducta inapropiada del hombre por miedo a perderlo.

Algunas féminas tienen la tendencia de enviarle mensajes dobles al hombre. Verbalmente le exigen una conducta, pero con sus actitudes y sus actos le demuestran que no importa lo que él haga, ellas permanecerán a su lado. Por ejemplo: se pasan la vida diciéndole «no te voy a permitir maltrato», pero ellos lo continúan haciendo y nada pasa,

Donde no hay consecuencias que disciplinen a la persona que incurre en una conducta incorrecta, jamás habrá cambios.

no hay acción. Donde no hay consecuencias que disciplinen a la persona que incurre en una conducta incorrecta, jamás habrá cambios. Otra de las acciones equivocadas es permitirle al hombre tener relaciones sexuales con ellas antes del matrimonio. Esto refuerza en ellos la idea de que no tienen la capacidad de canalizar su energía sexual. Muchas mujeres piensan: «Si no le permito que tenga relaciones conmigo antes de casarnos, lo va a hacer con otra; por tanto, tengo que acceder». Sabemos que los pensamientos equivocados nos dirigen a conclusiones equivocadas y a acciones equivocadas.

Hay un comentario muy popular que se ha escuchado por muchos años y que las mismas mujeres repiten con admiración: «¡Tal hombre tiene una suerte para las mujeres!». Muchos varones basan su autoestima o su valor en la capacidad que tengan para atraer o conquistar a las féminas y en su desbordante energía sexual. Precisamente, eso que parece ser para muchos su orgullo varonil, ha ido en detrimento de su autoestima. Gracias a esta «suerte», el hombre ha fabricado su propia infelicidad detrás de una apariencia de supuesto conquistador apasionado y viril. Ha aprendido a valorarse, no por su riqueza interior, sino por la colección de mujeres de las que pueda hacer alardes.

Quien se valora basándose en las características externas, cuando llega el momento en que va cambiando su apariencia física y va disminuyendo su energía sexual, piensa que se le acaba la vida, pues cree que ya no tiene nada que ofrecer. Hombre, tu valor jamás debe descansar o depender de tus rasgos físicos ni de cuántas relaciones sexuales puedas tener. El físico nunca debe ser lo más importante para ti ni para nadie, porque todo en esta vida cambia con el paso del tiempo. Procura ser de esos que cuidan su físico pero que también se nutren y desarrollan su vida interior.

En un seminario para matrimonios, le pregunté a los varones qué preferían: ¿perder la capacidad de mantener una erección o perder el brazo? Como se imaginarán, la mayoría contestó que prefería perder un brazo. Esto es así porque muchísimos hombres definen su identidad por su capacidad para tener una erección que les permita tener relaciones sexuales. La ignorancia de muchas mujeres ha contribuido a empeorar la situación cuando dicen: «Mi esposo ya no funciona». Es como si el marido fuera una máquina de cortar grama que se dañó y hay que llevarla al taller de reparaciones o reemplazarla.

Ante este panorama, son muchos los que se atormentan con la idea de quedar impotentes y, en su afán por demostrar su hombría, comienzan a enamorar a cada mujer que les atrae. Algunos hasta llegan a hablar obscenamente sobre sus experiencias sexuales, con el propósito de demostrar su virilidad.

En este grupo también podemos incluir a los casados que quieren demostrar su hombría y su juventud, sintiendo que todavía son capaces de enamorar y conquistar a otras mujeres. Cuando el varón define su identidad como un ser sexual, mide sus logros en términos sexuales. El hombre sano en el plano emocional es seguro, estable y no necesita demostrarse a sí mismo ni a nadie lo que él ya sabe; que es un hombre.

> **El hombre sano en el plano emocional es seguro, estable y no necesita demostrarse a sí mismo ni a nadie lo que él ya sabe; que es un hombre.**

De acuerdo a estudios hechos por el doctor Archibald Hart, reconocido psicólogo y exdecano de la Escuela de Estudios Superiores de Psicología en el Seminario Teológico Fuller en Pasadena, California, el ochenta por ciento de los hombres piensan en el diariamente.[1] Sin embargo, hablan muy poco sobre el tema, a menos que sea con connotaciones obscenas. Esto se debe a que en las conversaciones obscenas no se expresan sentimientos ni sus pensamientos más íntimos: miedos, vergüenza, desconfianza, dudas, frustraciones y alegrías. Por eso a muchos hombres se les hace más fácil desnudar su cuerpo que desnudar su alma.

Esta manera de pensar perjudica grandemente el desarrollo sexual de los hombres porque cuando, por naturaleza, experimenta una preocupación o un problema determinado, piensa que él es el único que está pasando por esa situación. Esa idea equivocada se fija en su mente porque no se atreve desnudar su corazón con nadie y, por ende, se priva de recibir información seria sobre su padecimiento. De esta manera, se perpetúan en su vida situaciones que se podrían corregir, ya fuera hablando con su pareja, con un amigo discreto y preparado para ayudarlo, con un médico, un consejero o cualquier experto en salud mental.

El encierro emocional también dirige a muchos varones a pensar que después de un tiempo de casados, el matrimonio es aburrido. Su cónyuge pierde toda novedad para ellos. Piensan, de forma equivocada, que al casarse ya lo han descubierto todo; es como si ya no hubiera nada nuevo que hacer y se creen dueños de ella. Por eso cuando la mencionan dicen «mi mujer», como si fuera su estufa, su microondas o su nevera. Concluyen que ya no necesitan hacer nada más por seguir conquistando a su esposa, así que la dejan de enamorar hasta que caen en una fría rutina sexual. Al sentirse aburridos deciden volver a buscar la pasión fuera del matrimonio, creyendo que con su pareja no la pueden volver a lograr. Muchísimos hombres relacionan la pasión con lo novedoso y lo prohibido, así que comienzan una nueva aventura reforzada por el falso concepto del machismo.

Por otro lado, la noción equivocada de que en las prácticas sexuales a la esposa hay que tratarla como «mi señora», que todo debe ser en un orden y una «pureza» extraordinaria —que no se puede profanar por nada en el mundo—, induce a muchos hombres a buscar en una amante lo que no se atreven a hacer con su pareja. Es como si pensaran que hay unas prácticas del sexo para la esposa y otras para uso exclusivo de las amantes. Dios creó el sexo para que la pareja lo pueda disfrutar con libertad dentro del vínculo del matrimonio, siempre y cuando ambos consientan. Otros, por su parte, hacen «maravillas» en el sexo con sus esposas, pero no logran desarrollar vínculos emocionales con ellas porque, por lo general, las mujeres no se entregan plenamente en una relación sexual cuando no se sienten comprendidas y amadas. Esto crea un círculo vicioso porque cuando ella no responde con la pasión que él espera, la relación matrimonial tampoco llena sus expectativas. Ellos dirán que sus esposas son frías o frígidas sin darse cuenta de que ellos, con la frialdad de su comunicación, impiden que ellas se conecten emocionalmente y alcancen la satisfacción sexual.

La sexualidad va más allá de lograr un placer físico. Es una unión a tres niveles: físico, emocional y espiritual, en la que dos seres que se aman y se comprenden se convierten en una sola carne. Esto sucede cuando el hombre y la mujer desarrollan una comunicación plena y logran un estrecho vínculo emocional. Cuando la pareja no llega a esa unión, la relación sexual se convierte en un vehículo para lograr placer, pero una vez se alcanza esa satisfacción física, vuelven de nuevo a su soledad emocional. En este tipo

> La sexualidad va más allá de lograr un placer físico. Es una unión a tres niveles: físico, emocional y espiritual, en la que dos seres que se aman y se comprenden se convierten en una sola carne.

de relación, la mujer se siente como un objeto, usada, vacía, porque no llega a sentir el amor que siempre ha anhelado.

El machismo también proclama otra idea equivocada: «La mujer es la que pierde, el hombre no», infiriendo que los varones tienen permiso para ser infieles, para tener varias mujeres a la vez y para tener relaciones sexuales antes del matrimonio. Esto propicia el falso concepto de que «como hombre, no puedo rechazar las oportunidades que se me presentan». Por el contrario, a la mujer se le penaliza. Si sale con más de un hombre, ha tenido muchos novios o ha cometido el error de ser infiel, se le trata como si fuera una prostituta. Es como si hubiera un código moral para los hombres y otro para las mujeres. ¡Qué lejos de la verdad están todas esas ideas absurdas que conducen a la confusión, a la infelicidad y al desastre en el matrimonio! Tanto el hombre como la mujer fueron creados por Dios con un propósito, una dignidad y un valor incalculable. Así que cuando las personas actúan quebrantando los principios divinos y las normas sociales que promueven la sana convivencia, los dos pierden.

Con este tipo de conducta se pierde credibilidad, estabilidad emocional y se pueden contraer muchas enfermedades de transmisión sexual. ¿Cómo se explica que a pesar de todas las consecuencias horribles de estas enfermedades y de la continua orientación masiva que se hace en los medios de comunicación, cada día aumente el número de personas que las contraen? Este comportamiento irracional se origina en la estructura de pensamientos equivocados que tienen muchas personas y que les conducen a prácticas equivocadas, como la promiscuidad sexual. Cuando vives de acuerdo a conceptos equivocados, tu comportamiento es equivocado y poco a poco te dirige hacia la destrucción. Es por eso que no me canso de repetirte que para que cambie tu manera de vivir necesitas cambiar tu manera de pensar.

Es importante que identifiques y resuelvas tus conflictos emocionales. Es vital que evalúes tus ideas concebidas desde que naciste, y elimines o corrijas aquellas que, aunque todo el mundo las practica, están equivocadas y te llevan a la destrucción emocional y física. Tú eres un gran hombre por la calidad de amor que ofreces, por tu responsabilidad, por la manera en que brindas apoyo, por tu forma apacible para resolver los problemas, por tu fidelidad y por tu compromiso de amar sin hacer daño. Estas características nada ni nadie te las puede quitar y son las que quedan grabadas en el corazón de tu familia.

Recuerdo a William, un caballero que se jactaba de que no había ninguna mujer que se le negara sexualmente. Los fines de semana era punto fijo en la «convención de hombres y mujeres» que se reunía en un pub, con la excusa de bajar el estrés. Se sentía orgulloso de sus historias y chistes pornográficos, y a la menor provocación enamoraba a quien fuera. Nadie podía imaginar que ese que entraba y salía de su casa sin deberse a nadie, estaba casado. Mientras tanto, su esposa esperaba en su hogar con sus hijos. Luego de mucho tiempo, soportando sus largas ausencias y las humillaciones de todas las féminas con quienes él había compartido sexualmente, un buen día la dejó por otra mujer.

Allí quedó su esposa, destruida y sin motivación para vivir. Llegó a pensar que era imposible salir adelante en la vida sola con sus tres hijos. Como resultado de ese abandono, ella quedó inerte en el pozo oscuro de la depresión. Fueron muchos los momentos de angustia y desesperanza, hasta que un día alguien le habló del Dios que nos ama incondicionalmente y ha prometido estar con nosotros todos los días de nuestra vida. En ese instante se percató de que estaba viviendo lejos del Señor y dependiendo solo de sus propias fuerzas. En el momento en que reconoció el poder de Dios en su vida se llenó de esperanza, retomó fuerzas y se fue levantando, poco a poco, para trabajar por el bienestar de ella y sus hijos. Ese amor Divino que llenó su vida, fue el que la preparó para perdonar y ayudar a su esposo, quien en ese momento estaba incapacitado física y emocionalmente.

William vino a buscar ayuda cuando ya la relación con su amante se había destruido. Llegó demasiado tarde para evitar la devastación de su matrimonio y el daño que les había ocasionado a sus hijos. Además de todo su problema familiar, no cuidó de su cuerpo. La diabetes estaba haciendo estragos en su vida; nunca se ocupó de llevar una nutrición saludable porque decía: «De algo me tengo que morir». Sin embargo, no se murió, pero perdió sus dos piernas y su vigor sexual. Había perdido aquella virilidad de la que tanto se jactaba, y sobre la que había edificado su vida y su valor de hombre. Ahora, después de haberse quedado en una ruina física y emocional, su amante, con quien vivía después de abandonar a su esposa, le dijo que ya no podía seguir con él porque estaba muy enfermo; ella tenía que trabajar y no lo podía cuidar. Allí quedó William desolado y triste en aquella fría cama de hospital.

¡No te puedes imaginar el final! Su esposa y sus hijos se enteraron de su condición grave de diabetes y lo trajeron a vivir con ellos a una casa alquilada, ya que la familia había perdido la casa de su propiedad por la irresponsabilidad de él. Fue moroso en el amor y moroso en lo económico. Nunca pagó a tiempo sus cuentas y no le importó que sus hijos padecieran necesidades, mientras él gastaba dinero a manos llenas con amigos y mujeres. Al volver con su familia, William encontró un letrero que decía: «Bienvenido a casa papá».

Puedes imaginar el dolor que sintió este hombre que había vivido de manera irresponsable por tanto tiempo y que los había abandonado por varios años, cuando vio aquel letrero de bienvenida que él mismo sabía en el fondo de su corazón que no merecía. Había descuidado a aquellos que lo amaban con sinceridad e incondicionalmente, por buscar la vida que practican los que tienen un falso concepto de hombría. Esos que están hoy aquí y mañana despiertan o amanecen con otra mujer. Dejó de acariciar y enamorar a su esposa, y se fue en busca de una falsa pasión y un falso amor. Este es el final de los que no desnudan su corazón y no comprenden ni valoran el verdadero significado del amor. Esta debe ser la experiencia más dolorosa para un padre que sabe que sembró desamor e irresponsabilidad, y a pesar de eso sus hijos le siguen amando. Esto sí es un amor incondicional, tanto el de sus hijos como el de su esposa. Allí vivió varios años hasta que murió antes de cumplir los sesenta años, dejando el libro de su vida lleno de borrones. Los verdaderos hombres son aquellos que han edificado su hombría con responsabilidad, colocando a Dios como base; esos cuyas acciones van en armonía con los principios que Él establece en su Palabra. Hombres que han entendido que Dios los formó con un propósito maravilloso que va más allá de lo que significa conquistar y competir. Dos acciones que pueden llevarlo al éxito o a la destrucción cuando no se canalizan de forma adecuada.

Hombre, tú naciste para amar a Dios, amarte a ti mismo y a los que te rodean. Naciste para vencer las dificultades que se te presentan, para ejercer tu sexualidad responsablemente y no para ser definido por los impulsos sexuales. Eres y serás siempre un hombre valioso, no importa que ya no estés activo sexualmente. Lo que te define no es tu órgano sexual, sino tu capacidad de amar, respetar, vivir con estándares altos de moralidad, sujetarte a una familia y apoyar a los que te rodean. Sal corriendo del molde social que dice que como hombre eres incapaz de amar, de sostener conversaciones significativas y de ser fiel. Los que no se detienen a atender

Los verdaderos hombres son aquellos que han edificado su hombría con responsabilidad, colocando a Dios como base; esos cuyas acciones van en armonía con los principios que Él establece en su Palabra.

su necesidad interior siguen con su actitud equivocada de Juan Tenorio, aparentando que se llevan el mundo por delante, cuando la realidad es que son unos infelices. Lo triste es que esta actitud evita que llegues a conocer el significado del verdadero amor, porque no echas raíces en ninguna relación. El amor verdadero es como la construcción de un gran edificio; hay que irlo edificando y fortaleciendo día a día. En el amor esa construcción nunca termina porque siempre hay algo que se puede mejorar. Ese es el amor que trasciende el tiempo, la enfermedad y las dificultades. Ese que permite ser fiel siempre y vivir juntos en armonía, sintiéndose comprendidos y manifestando pasión aunque hayan envejecido. Esa es pasión de la buena, envuelta en un amor genuino, que puede luchar contra los inconvenientes y las diferencias que se le presentan, y salir victorioso.

Tú eres el amado hijo del Dios viviente, quien te creó con su amor e impartió bendición a tu vida. Dios te creó para ser líder en el hogar; como alguien respetable. Actúa siempre con esa conciencia. Sacude de tu vida el polvo social y cultural que has acumulado y que ha formado una imagen equivocada del hombre que Dios creó en el principio.

¡Atrévete a ser diferente! Desarrolla tu espíritu de conquista con sabiduría y decídete a conquistar todas aquellas cualidades que hoy reconoces que necesitas. Tienes la capacidad para fortalecer todas tus debilidades. ¡Éxito!

ERRORES COMETIDOS POR EL HOMBRE EN ESTOS CASOS

Actuar como un Don Juan. Eres hombre porque Dios así te creó y reafirmas tu hombría por tu calidad de amor, tu liderato en el hogar, tu dominio propio y tu integridad, no por la cantidad de mujeres que conquistas. Los Don Juanes terminan solos en la vida porque no hacen vínculos emocionales con sus parejas. Se quedan siempre en la etapa superficial de la relación, el fuego de la pasión pasajera. Por tanto, cada vez que una mujer les atrae, dejan la relación que tienen y comienzan otra. A la larga esa conducta solo les trae soledad, porque nunca llegan a conocer el amor maduro que trasciende por encima de las circunstancias.

Abandonar a la esposa y a los hijos por otra mujer. En la conducta de este hombre se ve el principio de la siembra y la cosecha. William abandonó a su esposa y a sus hijos por la otra mujer y él, a su vez, fue abandonado por su amante cuando lo vio enfermo e incapacitado. Fue desechado por ella como si fuera una máquina vieja e inservible. Como vemos en este caso, el amor pasional de una amante no supera la adversidad. Solo el amor verdadero que sobrepasa todo entendimiento prevalece. La esposa demostró esa calidad de amor compasivo y perdonador al recibirlo de nuevo en su hogar, y cuidarlo hasta su muerte a pesar del dolor y el sufrimiento que él les causó.

Exponerse en lugares donde no se promueven los altos valores espirituales. Ir al *pub* para bajar el estrés es una actitud egoísta. Mientras estás pensando en bajar tu estrés, estás provocando que suba la tensión de tu esposa, quien está en la casa con tus hijos trabajando fuertemente y tiene a su cargo toda la responsabilidad del hogar. Además, te expones a todo el peligro que representan estos lugares que venden bebidas alcohólicas y que están abiertos hasta altas horas en la noche. Las conversaciones superficiales que se generan en ese círculo de amistades no bajan el estrés. Es como colocar una curita en una herida de treinta puntos.

Administrar el tiempo de forma irresponsable. Desperdiciar el tiempo con amigos y mujeres en lugar de usarlo para cultivarse espiritualmente y para compartir con su familia.

Pensar que lo que te define como hombre es tu capacidad de tener relaciones sexuales. Cuando una enfermedad termina con tu aptitud de mantener una erección, aún queda tu capacidad de amar, de acariciar y todo lo demás que conforma esa gran persona que Dios creó. Aunque el varón tiene una inclinación natural más pronunciada que la mujer a enfocarse en el sexo, lo cierto es que también posee la capacidad de desarrollar autocontrol. Esto es lo que permite que cuando una persona siente atracción, pueda ejercer su voluntad para evitar encuentros sexuales perjudiciales. Esa es una de las diferencias primordiales entre los animales y los hombres. Mientras más dominio propio desarrolla el hombre, más madurez emocional demuestra y, por consiguiente, tomará decisiones más sabias. Esta forma de pensar no se aprende de hoy para mañana, pero puedes comenzar hoy a cambiar tus estructuras de pensamiento con relación a lo que te define como hombre. Desde que el varón es pequeñito, debemos comenzar a enseñarle su valor como criatura formada por Dios para amar y ser de bendición a la familia y a la sociedad. La realidad de muchos hogares latinos es que desde pequeño, al niño se le pregunta cuántas novias tiene como si fuera natural tener más de una. Este tipo de educación sexual es incorrecta, porque va dirigiendo al niño a enfocarse hacia el sexo de una forma equivocada.

Pensar que hablar de la intimidad sexual con otras personas te hace lucir interesante. Lo que te debe distinguir siempre es tu discreción y consideración al expresarte de las demás personas. La experiencia de la intimidad sexual no se comparte con nadie, a menos que estés pasando por un problema y tengas que consultarlo con un profesional de la salud. Además, es muy denigrante y habla muy mal de ti, el que estés de mujer en mujer y hablando de tus experiencias íntimas previas con cada una de ellas.

Creer que la impotencia sexual es la muerte para la relación de pareja entre un hombre y una mujer. Lo que debería definir una relación de pareja no es la capacidad sexual, sino el amor. Por ende, una mujer no dejará de amar a su esposo porque este no pueda lograr una erección. El verdadero amor es incondicional y se esfuerza por buscar nuevas avenidas cuando se cierra alguna. Una persona que sufre de impotencia puede recurrir a juegos sexuales y otras expresiones de amor sin tener que llegar a la penetración.

Ser infiel a su esposa. Como se ha dicho en otros capítulos, muchos caballeros quieren llenar su vacío emocional con otras mujeres faltándose el respeto a sí mismos y a sus esposas.

Ser irresponsable con la administración de su cuerpo. El descuidar la salud y justificarse con el comentario: «De algo me tengo que morir» es una actitud negligente porque elude tu responsabilidad de cuidar tu salud y tu bienestar físico. Por otra parte, hay enfermedades como las de transmisión sexual, que no solo afectan al hombre sino también a su esposa y, por ende, a sus hijos. Así que la negligencia de un miembro de la familia puede afectar negativamente a todos los demás. La familia es un cuerpo que sufre cuando cualquiera de sus miembros se afecta, así como duele todo el cuerpo cuando nos lastimamos el dedo meñique.

Actuar irresponsablemente en la administración del dinero. No pagar las cuentas a tiempo genera mucha ansiedad en la familia y los expone a sufrir vergüenza, depresión, angustia e inseguridad, entre otras emociones negativas. Algunas familias viven en constante preocupación de que les suspendan los servicios básicos como la luz, el agua o el teléfono. Otros, como en este caso, pueden llegar a perder su automóvil o hasta su casa por no pagarla. La irresponsabilidad es una triste definición de lo que representa ser un hombre verdadero. Además, los hijos tienen una alta probabilidad de desarrollar el patrón de irresponsabilidad del padre. Debemos tener presente que el modo en que una persona paga sus cuentas revela el perfil de su personalidad; su grado de responsabilidad, honestidad y confiabilidad. Tanto así, que hoy día muchas empresas exigen el informe de crédito cuando van a contratar los servicios de alguien. Si has sido irresponsable en la forma de pagar tus cuentas, hoy puede ser un gran día para que cambies tu mal hábito.

Incapacidad para hablar de su vida interior. Mantener escondidos sus temores, frustraciones y conflictos es la peor práctica que alguien puede cultivar. No ventilar los sentimientos y frustraciones, alienta y fortalece las debilidades e inseguridades que una persona pueda tener.

Pensar que debes tener relaciones sexuales con las mujeres que se te insinúan, porque tienes que aprovechar todas las oportunidades. Las relaciones sexuales no son oportunidades o gangas que se deben aprovechar. Significan la culminación del amor entre un hombre y una mujer que se aman, y que se han comprometido en el acto del matrimonio.

ESTRATEGIAS PARA QUE EL HOMBRE RENAZCA

Huye de las tentaciones. Evita relaciones de intimidad emocional con otras mujeres. No es prudente comer solo con una dama, visitarla a solas en su apartamento, llevarla a su casa en tu automóvil o viajar solo con ella, aunque sea en asuntos de trabajo. Huye de la tentación. Hoy es un buen momento para tomar la decisión de serle fiel a tu pareja.

Cultiva tu vida espiritual para que tus convicciones sean más fuertes que lo que te pide la pasión y puedas vencer los malos hábitos sexuales. Presta atención a un consejo que el apóstol Pablo ofrece para evitar ser presos de toda inmoralidad sexual. «Entre ustedes ni siquiera debe mencionarse la inmoralidad sexual, ni ninguna clase de impureza o de avaricia porque eso no es propio del pueblo santo de Dios. Tampoco debe haber palabras indecentes, conversaciones necias, ni chistes groseros, todo lo cual esta fuera de lugar; haya más bien acción de gracias» (Efesios 5.3–4).

Visita a un consejero o psicólogo que te ayude a identificar vacíos y conflictos no resueltos en tu vida. Sentimientos como el miedo a la pérdida, la inseguridad, la soledad emocional o la ira reprimida están guardados en la parte inconsciente de tu cerebro. Desde allí estas emociones se disparan, convirtiéndose en actos que te causan mucho daño como: infidelidad, violencia y celos, entre otros.

Escríbe cuáles son las actividades más importantes para ti y cuánto tiempo les dedicas. Al escribir en blanco y negro la distribución de tus tareas, tal vez te sorprendas al descubrir el poco tiempo que le dedicas a tu familia. No permitas que los años sigan pasando sin tomar la determinación de reorganizar la manera en que inviertes tu tiempo.

Hoy día hay muchas alternativas para ayudar en la disfunción sexual. En lugar de escoger deprimirte y preocuparte, visita un urólogo y un sexólogo para que te orienten y puedas escoger la alternativa que se ajuste a tu necesidad. Lo importante es que tengas una buena salud mental para que dialogues tu situación con tu esposa y ambos busquen nuevas formas de lograr satisfacción sexual.

Practica ser discreto. Cada vez que vayas a hablar, piensa si lo que vas a decir es de interés general o si es algo muy íntimo. No se puede expresar todo lo que se piensa, y mucho menos si se trata de las relaciones sexuales. Hay un dicho popular que dice: «Somos esclavos de lo que decimos y dueños de lo que callamos». Los asuntos personales se pueden dialogar con alguien que te pueda ayudar a resolverlos. Hay que ser muy selectivo y sabio a la hora de escoger un confidente. Un mal consejo puede destruir una relación, tu vida y la de otros.

Visita un hospital donde puedas observar pacientes de diabetes, hepatitis, sida, cáncer, enfisema pulmonar, entre otras enfermedades incapacitantes. Observa cuánto sufren los pacientes y cuánto se deterioran sus físicamente, a veces por no haberse alimentado adecuadamente, por vicios de cigarrillo, alcohol u otras drogas. En fin, por no haber cuidado su cuerpo. Lo que debes considerar no es que de algo tendrás que morir, sino las condiciones pésimas en que vas a vivir antes de que llegue el momento final. Eres el producto de tus decisiones, sea para bien o para mal.

Las relaciones sexuales son muy íntimas y bellas para derrocharlas con cualquiera que se te ofrece. Consérvate exclusivamente para la mujer que se convierta en tu esposa, y disfruta sin temor ese acto que Dios te regaló para la mujer de tus sueños. Lo podrás lograr, aprendiendo que el deseo sexual ni las hormonas «revueltas» son un impulso incontrolable. Sí, puedes controlar el impulso sexual, pero para lograrlo debes eliminar de tu vida toda pornografía, conversaciones de índole sexual y todo material obsceno que exacerbe tus bajos instintos. Cuando te mantienes ocupado y llenando tu mente de pensamientos de bien, tendrás control de tu sexualidad.

Aprende a relacionarte de manera saludable con el dinero. Confucio dijo: «Cuando llegue la prosperidad no la uses toda». Debes estar muy consciente de la forma en que administras tu dinero. Demuestras sabiduría cuando estableces prioridades a la hora de utilizar tus recursos. Ser responsable en tus cuentas es algo que no puede esperar. Cuando eres responsable honras a Dios, a ti mismo y a tu familia. Decide hoy honrarlos. Honrar significa otorgarle el sitial y el valor que merecen. Por eso es importante que hagas este ejercicio en el que evalúes si estás administrando tu dinero sabiamente:

I.   Marca en un anuncio de especiales de una tienda por departamentos, todos los artículos que obtendrías si fueras a comprar hoy. Luego guarda el anuncio y a los dos meses vuelve a mirar lo que habías marcado, y determina cuáles de esos artículos te hubieras arrepentido de comprar. Descubrirás que son varios. Significa que las compras no se pueden hacer por impulso; debes pensar primero si son necesarias y si hay otras que tengan más prioridad. Puedes hacer este mismo ejercicio al momento de pagar. Mira cada artículo que llevas en el carrito y evalúa si en verdad lo necesitas. Si no es así, descártalo y compra solo lo indispensable. Esto te permite satisfacer el impulso de comprar y te da la tranquilidad para poder hacerlo conscientemente.

2. Prepara un inventario de los artículos que has comprado y que nunca has usado: Evalúa tu estado de cuenta y calcula cuánto dinero malgastaste en tus compras. Escribe una marca de cotejo en todos aquellos gastos que hiciste sin necesidad y comprométete contigo mismo a ser más juicioso en la manera de invertir tu dinero. Cada vez que sientas el impulso de comprar algún objeto, anota su precio y, en vez de comprarlo, guarda esa misma cantidad en una cuenta de ahorros. ¡Te sorprenderás de cuánto puedes acumular!

3. Abre una cuenta de ahorros: Cada vez que cobres, guarda el diez por ciento de lo que te ganas y ofrenda otro diez por ciento de tu salario al servicio de Dios. Diezmar es un principio que nos lleva a la abundancia espiritual y material, porque es promesa de Dios que todo lo que damos regresa a nosotros multiplicado. Cuando tienes bienestar espiritual tienes paz mental, pues confías en que Dios todo lo puede. Esa conciencia te lleva a la prosperidad. Si estás pensando que no te alcanza el dinero para ofrendarlo al Señor y a ti mismo mediante el ahorro, elimina todos los gastos innecesarios y lo lograrás. Decide hoy enterrar tus malas costumbres financieras y recuerda siempre

Proverbios 11.24: «Unos dan a manos llenas y reciben más de lo que dan; otros ni sus deudas pagan y acaban en la miseria».

4. Aprende a preparar un presupuesto: En este incluirás los gastos fijos, los imprevistos, una partida para recreación, otra para ahorros y otra para el diezmo. Hacer el presupuesto te dirigirá a clasificar tus pagos para cada gasto determinado. Asegúrate de que no usarás nada del dinero que ya está comprometido.

5. Evalúa tu historial de crédito: En todo lo que haces y decides en la vida, demuestras quién eres. Cuando leas tu informe de crédito pregúntate si te sientes orgulloso de ti mismo o si, por el contrario, te avergüenzas de tu falta de responsabilidad. Si sientes vergüenza, decide que desde hoy en adelante vas a usar tu dinero con responsabilidad y pagarás tus deudas con puntualidad. Escribe una lista de tus pagos mensuales con sus respectivas fechas de vencimiento. Toma la firme decisión de comenzar a hacer todos tus pagos a tiempo desde este mismo mes. ¡Disfruta del placer de ser responsable!

EJERCICIOS REFLEXIVOS PARA EL HOMBRE

1. Piensa, ¿te gustaría que tu esposa compartiera contigo y con otro hombre a la vez? ¿Cómo te sentirías? No le hagas a nadie lo que tú mismo no puedes soportar. Cuando somos estables emocionalmente, edificamos una relación de amor sana en la que nos entregamos a una sola persona y somos fieles hasta la muerte.

2. Cuando estés conversando con tu familia o con una amistad muy cercana, evalúa cuánto de ese diálogo es significativo en términos de sentimientos y aspectos personales. Si alguien estuviera escuchando la conversación sin que pudiera ver que se trata de una familia, ¿podría llegar a pensar que es una reunión de negocios o podría detectar que se trata de una reunión familiar? Esto te ofrecerá una idea de cuánto estás abriendo tu corazón o si meramente hablas de aspectos superficiales. Recuerda siempre que hace mucho bien ventilar las emociones más profundas en el momento adecuado, en el lugar preciso y con la persona indicada. La intimidad emocional no se puede compartir con todo el mundo.

3. Ubícate frente a un *pub* y observa... ¿Qué hacen los que están allí? ¿De qué hablan? ¿Es el mejor lugar para ti? Cuando estás allí, ¿aprendes algo para mejorar tu modo de vivir?

4. Evalúa tu círculo de amistades:

_____ ¿Te beneficia moral, espiritual y emocionalmente su amistad?

_____ ¿Te estimulan a superarte?

_____ ¿Son fieles a sus parejas?

_____ ¿Dedican tiempo a su familia?

_____ En momentos en que has necesitado una palabra de aliento o has confrontado una dificultad, ¿tienen la riqueza espiritual para hablarte con sabiduría o son de los que te dicen: «Olvídate, esto lo arreglamos con una cerveza»?

_____ Si piensas en las charlas que sostienen, ¿sientes vergüenza o son conversaciones de calidad?

ERRORES COMETIDOS POR LA MUJER EN ESTOS CASOS

No establecer límites a tiempo. Permitir maltrato o humillaciones por muchos años antes de decir ¡basta!, esperando siempre que él cambie algún día. Esto lo único que hace es perpetuar el problema y el sufrimiento. Debes ser educada y templada, pero siempre tienes que ser firme en tus posturas y demostrar que no vas a permitir que se perpetúe nada incorrecto en tu relación. Hay situaciones que se pueden negociar, pero hay otras que jamás se pueden permitir. Hacerlo le está enviando al hombre un mensaje no verbal de que puede continuar con la práctica porque tú la aceptas. Esta acción se convierte en un mensaje doble, ya que muchas veces con las palabras le dices algo y con los hechos le demuestras otra cosa. Para que un mensaje sea efectivo, las acciones y las palabras tienen que ser congruentes. Es importante señalar que el haber aceptado a su esposo de regreso en el hogar cuando ya estaba a punto de morir, no respondió de ninguna manera a una debilidad en ella. Por el contrario, la engrandeció ante sus hijos porque demostró su gran capacidad para amar y perdonar.

Perder el deseo de vivir. Las adversidades revelan la fortaleza espiritual que llevas adentro o la debilidad de espíritu que arrastras en tu vida. Además, muestran qué relación tienes con Dios. Jamás se debe perder el deseo de vivir. Llegarán momentos en que te sientas abrumado o desesperado, pero debes tener la certeza de que vendrá un nuevo amanecer que traerá luz a tu camino. Mientras haya vida, hay esperanza.

Asumir una actitud pasiva en la relación. Necesitas asumir una posición definida y demostrar con tus hechos que tu opinión cuenta; que amas a tu esposo, pero eso no significa que vas a endosar todas sus actitudes aunque estén incorrectas. Siempre debes estar viva y alerta. ¡No eres una pieza decorativa en el hogar!

Adjudicarse poco valor. ¿Por qué conformarte durante tantos años con el comportamiento mediocre de un hombre, sin darte cuenta de que eres una mujer valiosa? No se puede volver a vivir la vida ni recuperar el tiempo perdido. Vive con esa conciencia y actúa responsablemente. Mientras más tiempo aguantes una relación de maltrato o infidelidad, menos años tendrás de alegría, paz y realización personal.

Tolerar la infidelidad del esposo. Nunca toleres lo que es intolerable. ¿Por qué si eres una mujer fiel y digna, tienes que vivir con un hombre que te es infiel? No pierdas los mejores años de tu vida al lado de una persona infiel, porque un hombre así no te pertenece, es público; pertenece a la mujer de turno. Respétate a ti misma; el varón infiel tiene su atención y su amor divididos. El verdadero amor no se divide, sino que se entrega por completo. Tienes todo el derecho a exigir fidelidad.

ESTRATEGIAS PARA QUE LA MUJER FLOREZCA

Afronta la realidad. En el momento en que comiences a ver que tu esposo tiene un comportamiento extraño, obsérvalo con más detenimiento: si se esconde para hablar por teléfono, si siempre tiene a la mano su celular y no lo suelta por nada ni por nadie, si tiene llamadas que se repiten y son de larga duración, si de repente alega que se tiene que quedar en la oficina largas horas «adelantando trabajo», si comienza a comprar ropa interior diferente, si cambia la frecuencia en las relaciones sexuales, si comienza a criticarte todo lo que haces, etc. Si ves todo esto, no lo pases por alto, actúa. Habla con él directamente sobre lo que estás percibiendo. Confróntalo con firmeza, sin gritar, sin hacer una novela y demostrando —con tu mirada fija en sus ojos— con mucha seguridad que no estás dispuesta, ni en este mundo ni en el venidero, a soportar ningún tipo de infidelidad. De la forma en que enfrentes esa primera infidelidad, le estás diciendo, ya sea que vas a aguantarle todas las que haga, o le estás comunicando que jamás tolerarás la infidelidad. Es necesario aclarar que he visto en mis consejerías hombres que han cometido una infidelidad y se han arrepentido de corazón, han dejado a la amante y han salvado su relación. Esto es muy diferente de aquél que quiere seguir con la esposa y la amante como si nada hubiera pasado. Esta situación es intolerable.

No te deprimas. Para evitar caer en el pozo oscuro de la depresión, primero tienes que actuar contrario a las emociones depresivas que sientes (miedo, tristeza, agotamiento, frustración y desengaño, entre otras). Los sentimientos son muy variables y a veces hasta engañosos. ¿Cuántas veces no has hecho algo porque no tienes «ganas de hacerlo»? En esa situación estás poniendo la emoción primero, por eso no lo haces. Si quieres vencer la inconstancia de las emociones, necesitas colocar primero la acción (aunque no tengas ganas) para que experimentes la satisfacción (emoción) por haberlo hecho. El problema de la depresión es que las personas no logran identificar los primeros síntomas y se dejan llevar por lo que les pide el cuerpo (quedarse durmiendo en un lugar oscuro, no bañarse, no limpiar la casa, entre otras). La emoción te pide acostarte en la cama y evadir el problema. La razón te dice: levántate y supérate. Ningún problema merece que tú mueras por él. Desde el primer momento en que sientas un indicio de que el cuerpo y la mente te están comunicando apatía, desaliento, un cansancio inexplicable o no tienes deseos de vivir, debes buscar ayuda de un consejero, pastor, sacerdote, psicólogo o alguna persona cualificada para ayudarte a superar ese estado emocional. Tienes que moverte, buscar la Luz Divina y la luz solar, hacer ejercicios, ver gente; necesitas salir de la oscuridad. Tienes que hacer exactamente lo contrario a lo que te pide la emoción. La persona deprimida está muerta en vida. Muchas veces quien está cautivo en la depresión necesita que lo ayuden a someterse a un tratamiento. Si sientes que no tienes esperanza o si has llegado a pensar en el suicidio, busca a alguien que te ayude a llegar al hospital más cercano o a un profesional de la salud mental. Ellos pueden brindarte ayuda inmediata hasta que te estabilices y puedas seguir las recomendaciones que te he dado. ¡Eso es una emergencia, no puedes seguir esperando!

Busca la luz. Esto aplica tanto al plano físico (la luz real) y al plano espiritual (la Luz Divina que aclara tus pensamientos y te da sabiduría). Todo lo que tiene luz se identifica con la divinidad o con el bien, mientras que la oscuridad se asocia con la maldad. La depresión se reproduce en la oscuridad, porque tiene su origen en problemas no resueltos que yacen ocultos y silenciosos en la oscuridad interior del individuo. Una de las recomendaciones para la persona que está deprimida es tomar el sol. El sol representa luz, vitalidad, energía e implica exponer a la luz las "situaciones oscuras". Hay un trastorno conocido como Trastorno afectivo estacional. Este es más común en los lugares donde está más marcado el invierno. Lo que provoca este trastorno no es el frío, sino la disminución de luz solar que llega al cerebro a través de los ojos. Las noches son más largas durante el invierno. Es por ello que cuando disminuye la cantidad de luz, el cerebro aumenta la producción de melatonina, que es la hormona que ayuda a dormir hasta que llega la mañana. Así que largos periodos de oscuridad aumentan la cantidad de melatonina en el cerebro y, por consiguiente, aumentan en el individuo el deseo por dormir. Por eso se ha demostrado que la terapia de luz (una caja preparada con luz artificial) alivia la depresión invernal en la mayoría de las personas que sufren este trastorno. Es extraordinario ver cómo Jesús originó la terapia de la luz desde hace más de dos mil años. En Lucas 11.34-36 Jesucristo habla claramente sobre la función de la luz: «Tus ojos son la lámpara de tu cuerpo. Si tu visión es clara, todo tu ser disfrutará de la luz; pero si está nublada, todo tu ser estará en la oscuridad. Asegúrate de que la luz que crees tener no sea oscuridad. Por tanto, si todo tu ser disfruta de la luz, sin que ninguna parte quede en la oscuridad, estarás completamente iluminado, como cuando una lámpara te alumbra con su luz». Jesucristo es la luz del mundo, deja que alumbre tu vida.

Deja de proyectar lo negativo y enfócate en lo positivo. La depresión demuestra que una persona no está debidamente fortalecida para enfrentar la adversidad. Es como una fe en reversa. Fe significa tener la certeza de que eso que anhelas o necesitas, lo vas a alcanzar aunque no lo veas. El cerebro fija esa certeza de lo que esperas y dirige la acción de tu cuerpo para conseguirlo. Cuando estás deprimida, fijas la idea de que no vales y no podrás alcanzar lo que anhelas. En vez de creer que todo saldrá bien, tienes la convicción y la seguridad de que no podrás lograrlo. Así que en lugar de creer que por fe alcanzarás lo que esperas, usas esa misma fe negativamente. Tienes la convicción y la seguridad de que «por fe todo saldrá mal». Y de la misma manera que el bien se cumple, cuando esperas el mal, este también se cumple.

Haz depósitos en tu vida espiritual. Al igual que el cuerpo necesita alimentarse todos los días para mantenerse vivo y sano, el espíritu necesita alimento para continuar fortalecido. En la vida hay que ir haciendo, desde muy temprano, depósitos de las promesas de Dios. De la misma manera que depositas parte de tu dinero en una cuenta de ahorros para cuando surja una necesidad imprevista, asimismo debes hacer depósitos de fe y esperanza. Estos garantizan que no estás solo y te permiten salir a flote cuando surge una necesidad espiritual en la que sientes que tu "vida corriente" está en cero. Es una extraordinaria cuenta de reserva espiritual que siempre va a pagar tus deudas emocionales y no va a dejar que tu corazón se sobregire. Jesucristo hizo la siguiente promesa: «Y les aseguro que estaré con ustedes siempre, hasta el fin del mundo» (Mateo 28.20). Si Él hizo esa promesa de estar contigo todos los días hasta el fin, no tienes por qué temer. Graba en tu corazón y repite todos los días: «*Yo no estoy sola, Dios está conmigo siempre*».

Trabaja con tu imagen. Cuando decides tomar las riendas de tu vida estás consciente de tu valor y te das cuenta de que tienes todo el derecho que Dios te concede para exigir tu bienestar. Mírate hoy en el espejo: ¿Qué imagen proyectas? ¿Seguridad o inseguridad? ¿Alegría o tristeza? ¿Cómo es tu tono de voz: moderado y firme, bajo y temeroso, o un tono alto y estridente que denota frustración? Decídete hoy a trabajar con la imagen que estás proyectando: Viste adecuadamente para que te sientas bonita, cultiva un tono de voz agradable y, al hacerlo, mantén tu mirada en el interlocutor y ¡nunca, nunca, nunca grites! Los gritos denotan inseguridad y frustración.

No te frustres si te das cuenta de que tienes muchos aspectos que resolver o cambiar. Comienza a desenredar tu vida desde las situaciones más simples hasta las más difíciles. No puedes resolver todos tus problemas de una vez. Primero tienes que resolver tu vida emocional, porque si estás deprimida no tendrás fuerzas ni para trabajar. A la par, tendrás que fortalecer tu vida espiritual para llenarte de esperanza. De aquí sacarás las fuerzas para buscar un trabajo que te permita sostener tu hogar. Todo eso va a ir reconstruyendo tu autoestima y te darás cuenta de que no hay nada en la vida que Dios y tú no puedan resolver. Recuerda que hacer cambios es un proceso y los procesos muchas veces toman tiempo, mucho esfuerzo y requieren mucha dedicación. ¡Todo lo que es excelente cuesta!

Te recomiendo que hagas esta oración: *Señor, hasta ahora he vivido a mi manera, sin ninguna dirección, tolerando lo intolerable; sin reconocer el gran valor que tú me otorgaste desde que me formaste. Por eso, hoy te pido sabiduría para manejar los problemas que se me presenten. Hoy decido resolver todo lo que esté a mi alcance hacer y te dejo a ti mi buen Dios, los imposibles porque sé que tú eres todopoderoso. Confío en ti y te amo, Señor.*

EJERCICIOS REFLEXIVOS PARA LA MUJER

1. Regularmente, ¿haces depósitos espirituales en tu vida?
2. ¿Qué conductas practicas que revelan que no te valoras?
3. Menciona acciones concretas que muestran que te valoras correctamente.
4. Enumera cuáles son los aspectos débiles de tu imagen que debes fortalecer.
5. Escribe los problemas que estás confrontando y colócalos en orden de importancia.
6. Define cuál es tu mayor frustración en la vida y qué puedes hacer para resolverla.

SEMILLAS DE AMOR

En el recorrido por la vida, aprecia bien el paisaje, porque jamás volverás a pasar por el mismo lugar.

CAPÍTULO 7

HORROR 25

Pensar que solamente tienes que señalar lo que te molesta de tu esposa y que si no le dices palabras de elogio es porque todo está bien.

HORROR 26

Gritar y decir palabras soeces, o ser fuerte y autoritario, creyendo que de esa manera te das a respetar y mantienes a tu esposa bajo control.

HORROR 27

Hacerte novio o casarte con una mujer con una diferencia de edad muy marcada, para luego tratarla como si fuera tu hija.

Las palabras tienen un poder extraordinario. Con ellas podemos construir o destruir, animar o desanimar. Fue por medio de la palabra que Dios creó el mundo. Y dijo Dios: «¡Qué exista la luz! Y la luz llegó a existir» (Génesis 1.3). Así también creó la noche, el firmamento, la tierra, el mar, la vegetación, el sol, la luna, las estrellas, los animales y su obra cumbre, el ser humano: hombre y mujer los creó. Todo lo hizo perfecto, usando la herramienta poderosa de la palabra.

Por otro lado, vemos el ejemplo triste de la esposa de Job, quien al darse cuenta de cómo su esposo sufría en medio de su enfermedad y de todas las pérdidas físicas, materiales y emocionales, le reprochó, diciendo: «¿Todavía mantienes firme tu integridad? ¡Maldice a Dios y muérete!». Y dice el relato bíblico que Job le contestó: «Mujer, hablas como una mujer necia. Si de Dios sabemos recibir lo bueno, ¿no sabremos también recibir lo malo?» (Job 2.9–10). ¡Qué poder tiene la palabra! Tanto la maravillosa creación del mundo, como la triste maldición de una mujer hacia su esposo, se hicieron a través de una emisión de voz.

Cada ser humano tiene la responsabilidad de decidir cómo va a usar ese gran poder que tiene a su disposición en su boca: la lengua. Ese miembro tan pequeño que puede crear o destruir todo lo que toca a su paso con una simple articulación. Lo que dices traza el destino de tu vida. Fíjate si es importante el poder de la palabra, que todo el mundo, en mayor o menor grado, necesita escuchar o recibir elogios, palabras de afirmación, sonidos de motivación y esperanza. Sin embargo, a pesar de la necesidad del buen uso de las palabras, las diferencias fisiológicas, el ajetreo de la vida, los compromisos, el exceso de trabajo y a veces hasta el desconocimiento de la importancia del elogio, han sumido a las personas en perpetuos ayunos de halagos y reconocimiento, tanto en el hogar como en los diferentes escenarios de trabajo. Se ha llegado a tal extremo que ya no solo están los llamados vagos que hacen el mínimo esfuerzo físico para ganarse la vida, sino que ahora también se añaden los vagos lingüísticos, esos que a diario comentan: «Y ¿para qué hablar tanto?».

Los vagos lingüísticos argumentan que es mejor señalar solamente las acciones incorrectas y permanecer callados cuando todo está bien. A fin de cuentas, según ellos, esa es la mejor señal de que todo anda muy bien. Son muchos los caballeros que pertenecen a ese grupo en que los halagos escasean. Se dice que el hombre habla unas 12,000 palabras al día y la mujer habla 25,000. Otros dicen que la mujer habla 50,000 palabras y el hombre 24,000, pero lo más importante no es cuántas son. Lo significativo es que las mujeres hablamos más que los hombres y ofrecemos detalles precisos en las conversaciones. Ellos tienden a ser muy económicos lingüísticamente, porque en su formación fisiológica tienen una inclinación a usar más el hemisferio izquierdo del cerebro, que es el responsable del pensamiento lógico y racional.

Todo el mundo, en mayor o menor grado, necesita escuchar o recibir elogios, palabras de afirmación, sonidos de motivación y esperanza.

El doctor Thomas Whiteman, un reconocido psicólogo estadounidense, explica en su libro *Hombres que aman muy poco* cómo el cerebro de los hombres es diferente al de las mujeres.[1] El cerebro humano está dividido en dos secciones: el hemisferio izquierdo y el derecho. El cuerpo calloso es el responsable de unir esos dos hemisferios. El hemisferio izquierdo es el encargado del razonamiento analítico, lógico; mientras que el hemisferio derecho se ocupa del pensamiento basado en sentimientos, en la intuición. Estudiosos de la materia afirman que en el cerebro de la mujer existen más conexiones nerviosas entre los dos hemisferios, que en el de los hombres. Esto no significa que uno es más inteligente que el otro, pero sí explica que, por lo general, la emoción está presente en todos los razonamientos de la mujer. También ayuda a comprender por qué cada uno percibe la realidad de forma diferente.

Los hombres, por tener menos conexiones nerviosas entre el lado racional y el emocional, usan más el pensamiento lógico y analítico, mientras la mujer, por tener más conexiones nerviosas entre los dos hemisferios, se le hace muy difícil dejar a un lado sus emociones y concentrarse en lo puramente racional. Ese mayor número de conexiones nerviosas le permiten a la mujer realizar diferentes tareas al mismo tiempo, como cocinar mientras lava ropa, atiende el teléfono y supervisa las asignaciones de los hijos. Los hombres, sin embargo, solo pueden concentrarse en una tarea y tienen la capacidad de abstraerse tanto, que en ese momento disminuye su agudeza auditiva. Por su parte, las mujeres pueden identificar emociones de otras personas con más precisión. En la solución de problemas, la mujer se enfoca en el proceso y el hombre en la meta. A pesar de las diferencias entre el hombre y la mujer, todos los seres humanos tienen la capacidad de aprender, para poder satisfacer las necesidades de la gente que aman.

En mi experiencia en consejería he visto hombres que después de evaluar una situación usando solamente un razonamiento lógico, llegaron a la equivocada conclusión de que era mejor señalar lo que estaba incorrecto y el resto del tiempo, si ellos no argumentaban nada era muy lógico que sus esposas pensaran que todo estaba bien. Se dicen a sí mismos: «A fin de cuentas, ¿para qué hablar tanto?». Para las féminas ese planteamiento no significa lo mismo. Cuando no hay halagos ni palabras de afecto, la mujer siente que todo anda mal.

No obstante, a pesar de estas diferencias cada uno debe aprender a complementarse y a sacar ventajas de esas desigualdades. La diversidad de opiniones enriquece cuando se aprende a armonizar. En mi caso particular, yo ayudé a mi esposo a cultivar la emoción, a manifestar sentimientos y a afinar su sensibilidad. A su vez, él me ayudó a fortalecer mi razonamiento en la toma de decisiones, sin dejar de considerar las emociones. Ambos hemos aprendido a tomar decisiones alumbrándonos el uno al otro y, como resultado, tenemos un matrimonio exitoso que siempre consulta las decisiones del hogar.

Es necesario comprender que a pesar de las diferencias fisiológicas, los hombres y las mujeres pueden celebrar la vida, si cada uno decide esforzarse por complacer al otro.

Es necesario comprender que a pesar de las diferencias fisiológicas, los hombres y las mujeres pueden celebrar la vida, si cada uno practica el amor verdadero, ese que es capaz de percibir y llenar la necesidad de su pareja.

Por esta razón es tan importante que el hombre conozca cómo es la mujer y lo que ella requiere, para lograr satisfacer sus necesidades emocionales.

La mujer necesita ser comprendida, ser halagada, le gustan los detalles, se centra en las relaciones interpersonales y está muy orientada a las emociones. Cuando la mujer se encuentra con el hombre, ella por un lado derrochando a manos llenas los sentimientos y palabras, y él econo-mizándolas y midiendo cada una de estas, se lleva tremendo impacto. Ella necesita hablar y ser escuchada, mientras que él encuentra que es un desperdicio de palabras y de tiempo hablar tanto. El hombre sabio que conoce cuán importantes son las palabras y los halagos para su esposa, para su novia o para sus hijos —o en sus relaciones interpersonales— decide aprender a halagar y a disfrutar de una buena conversación. Cuando amas y te interesas en la gente, te esfuerzas por satisfacerlos y hacerlos felices.

Cuando los hombres me dicen en las consejerías que a ellos no les gusta hablar mucho, les pregunto: «¿Y por qué cuando estás en el proce-so de conquista te fluyen las palabras y los detalles, y una vez te casas, todo desaparece como por arte de magia?». Te brotan las palabras y las atenciones porque estás en un proceso de conquista. Si pudiste ser habla-dor y detallista en el momento en que estabas seduciendo a tu esposa, quiere decir que tienes la capacidad de lograrlo.

Si pudiste hablarle en la época de enamoramiento, quiere decir que puedes hacerlo si te lo propones. Al casarse no termina el proceso de con-quista, solo comienza. A veces creo que hay hombres que piensan que con-traer matrimonio es como comprar una casa. Una vez se firma la escritura, la casa pertenece a quien la compró. No se dan cuenta que una vez se adquiere una propiedad, el pro-ceso no termina allí porque es necesario darle mantenimiento y hacerle mejoras que llenen las necesidades que van surgiendo en la familia. Aquéllos que no se ocupan de la casa que com-praron, la pierden o la mantie-nen en pésimas condiciones.

Al casarse no termina el proceso de conquista, solo comienza.

El ser humano fue creado por Dios con una capacidad extraordinaria para aprender y transformar las circunstancias en beneficio de él y de los demás. Si ya sabes lo significativo que es el reconocimiento para todos en este planeta, ¿por qué no comienzas a practicar? Los primeros días tal vez te sentirás ridículo, cursi, hipócrita o hasta flojo como hombre. Pero eso lo que quiere decir es que te falta práctica. Sigue repitiendo el procedimiento y luego prepárate para recibir los resultados extraordinarios. Te darás cuenta de que en el fondo de los corazones de hombres y mujeres, existe la imperiosa necesidad de sentirse halagados y amados. En un gran por ciento de las consejerías que he ofrecido, la mayoría de las mujeres piden más conversación, más expresiones de cariño, más afecto, más atención y más halagos. ¿Sabes lo que contestan la mayoría de los hombres ante esa petición?: «Es que ya yo soy así» o «Ella me conoció así». Esta contestación denota mediocridad, falta de sensibilidad y poca receptividad hacia el aprendizaje de otras maneras para poder llenar las expectativas de nuestra pareja. Lo curioso es que cuando la esposa se cansa de esa actitud y plantea que se quiere divorciar, él decide que realizará la hazaña que sea con tal de no perderla. Recuerda que siempre debes ser sensible a las necesidades de la gente que amas. Por otra parte, el hombre necesita sentirse admirado por su esposa. ¡Pero cuántas veces son más las críticas que las mujeres hacen a sus esposos que los momentos de admiración! Es menester que la mujer desarrolle la costumbre de destacar lo bueno, para que cuando corrija, esa palabra caiga en un terreno fértil de tal manera que logre los cambios deseados.

Conoce la historia de Maribel. Esta mujer llegó a mi oficina muy decepcionada y triste. Estuvo casada por diez años con un hombre quince años mayor que ella. En aquel tiempo ella tenía veinte años y él treinta y cinco. Él ya era un profesional experimentado en ingeniería y ella todavía estaba estudiando, pero terminó su carrera después de casada. Al principio todo era novedad, enamoramiento y la relación estaba matizada por el idealismo: un profesional, un hombre de experiencia que le hacía sentirse muy segura y a quien consideraba su príncipe azul. La novedad pinta con tonalidades rosadas todo lo que más adelante resulta ser una negra y amarga realidad.

En el proceso de conquista él la hacía sentir como su niña mimada. Estaba pendiente de la hora en que regresaba del trabajo, si había almorzado bien, cómo le había ido en la oficina; en fin, parecía muy detallista. Se casaron y con el matrimonio llegaron las responsabilidades. La conquista ya no era importante para aquel hombre, quien pensó que casarse era como obtener un título de propiedad. Fue así como Maribel sintió que se había roto el encanto. Juan se sumergió en el trabajo y cuando llegaba a su casa, cenaba y continuaba con sus asuntos laborales en la computadora. Si terminaba y todavía le quedaba ánimo, encendía el televisor. De esa manera él desarrolló una intensa rutina diaria, totalmente al margen de su esposa y de los dos hijos que procrearon. Cuando ella le manifestaba su necesidad de cariño y de atención, él le acariciaba la cabeza como si fuera su hija pequeña, pero en el momento en que ella le argumentaba por su actitud, él asumía una postura de autoridad. Le manifestaba de forma errónea, porque aunque por lo general era pausado, en los momentos en que ella le hacía un señalamiento de lo que necesitaba, él alzaba la voz profiriéndole hasta palabras soeces. Automáticamente ella callaba por temor a que sus hijos escucharan y porque se sentía intimidada ante un hombre mayor que ella.

Los años pasan... y el mucho soportar cansa a cualquier persona. Maribel no fue la excepción. Ella se cansó de que aquel hombre no le dedicara tiempo de cantidad y calidad, ni a ella ni a sus hijos. Se sentía como uno de los muebles que estaba ubicado en la casa adornando cualquier esquina. En la entrevista me dijo: «Tengo un hombre mudo que apenas habla lo necesario. Me siento sola y nuestros hijos no saben lo que es el calor de un padre». Por último, ella le pidió que buscaran consejería matrimonial, pero él no le dio mucha importancia y le dijo que posiblemente iría más adelante. Maribel, ante su indiferencia y su poco interés en el asunto, decidió buscar ayuda para sanar su destrozada vida interior y poder manejar aquella difícil situación. Había llegado a padecer tanta soledad emocional durante los diez años de matrimonio, que tenía mucha ira retenida y demasiado coraje contra él. Ella, quien siempre se había distinguido por su buen carácter, se dio cuenta de que se estaba convirtiendo en una amargada. Entendió que tenía que liberar todo aquel estrés y resentimiento, para poder darles a sus hijos una buena calidad de vida.

Este es un caso que se repite una y otra vez en muchos hogares y lo veo muy a menudo en las consejerías. Féminas que se quejan de que sus cónyuges no son cariñosos ni les gusta hablar y varones que se quejan de que sus esposas son muy habladoras. Hombres que gastan sus 12,000 palabras diarias en sus trabajos, y cuando llegan al hogar enmudecen y permanecen aislados en su mundo. Por otra parte, su esposa ha gastado solamente 15,000 palabras en el trato con sus hijos durante el día, así que le quedan 10,000 que se van acumulando en su corazón día tras día, pues cuando él llega al hogar es incapaz de escucharla y hablar con ella porque ya gastó las suyas. Él no está dispuesto a hacer el esfuerzo de producir una conversación. Todos esos pensamientos y palabras que jamás pudieron salir del corazón de esta mujer se fosilizan y se convierten en rencor, indiferencia, resentimiento y desamor. El hombre de esta historia conocía muy bien las matemáticas, por la profesión que había estudiado, pero no sabía nada de la matemática del amor.

En la matemática del amor, un reconocimiento o un gesto de ternura se multiplican y el producto es maravilloso. Sin embargo, la crítica, los largos silencios, la indiferencia y la falta de sensibilidad ante la otra persona, se convierten en resta y el resultado puede llegar a cero.

Este ingeniero sabía medir estructuras, pero no calcular las necesidades del corazón de su esposa ni de sus hijos. Las familias silentes se van secando poco a poco hasta morir emocionalmente: mueren sus sueños, sus ideas, sus caricias y hasta su amor. Cada miembro de esa familia vive en la soledad de su mundo y así pierden una de las satisfacciones más grandes de la vida: compartir juntos las penas, las alegrías, los fracasos, los éxitos, la risa, el llanto; en fin, todas las experiencias que se manifiestan en el núcleo familiar. Lo triste de todo esto es que aunque algunas familias tienen un final feliz porque ocurre una restauración, hay otras cuyo final es la muerte de la relación, porque ya la pareja está tan dolida y destruida que se siente incapaz de seguir trabajando por un fin común. ¿Por qué llegar a este trágico final? ¿Por qué no comienzas a ver las necesidades de tu pareja y decides suplirlas? Cuando te esfuerzas para hacer felices a otros comienzas a ser feliz tú mismo.

ERRORES COMETIDOS POR EL HOMBRE EN ESTOS CASOS

Casarse con alguien que tiene una diferencia de edad muy marcada. En el periodo de noviazgo hasta la diferencia de edad se idealiza, pero la realidad nos dice que con el tiempo esta diferencia se percibe cada vez más y puede afectar negativamente, tanto a quien es mayor como a quien es menor en la relación. Aunque hay parejas que alegan que son muy felices a pesar de la diferencia de edades, es innegable que este es un elemento más que puede amenazar una relación. En este caso particular él trata a su esposa como si fuera una hija. Le da instrucciones todo el tiempo, la regaña cuando ella le pregunta sobre algún aspecto de la relación y no la deja inmiscuirse en las decisiones más importantes del hogar. Él siente que posee toda la experiencia.

Creer que al casarse se convierte en dueño y señor de su esposa. Tu esposa es tu compañera, no tu esclava ni tu propiedad. El hombre y la mujer están a un mismo nivel de importancia. Ninguno se puede enseñorear del otro y ambos se deben respetar. Cuando una escucha a algunos decir: «Yo no dejo que mi esposa se recorte», se da cuenta de que hay matrimonios basados en el poder desigual.

Enamorar a la mujer solo en la etapa de noviazgo y dejar de hacerlo una vez se casan. El varón está tan apegado a la idea de conquista y de poder, que cuando se casa siente que ya terminó el reto y deja de enamorar con detalles a su pareja. Los detalles no necesariamente tienen que ser cosas materiales; pueden ser demostraciones de afecto y de servicio. Debido a su indiferencia, algunos caballeros son abandonados por sus cónyuges. Es sorprendente que cuando un hombre ve que va a perder a su esposa, se activa de nuevo en él la llama de la conquista; la busca y le promete villas y castillas con tal de que vuelva. Pero una vez logra que ella lo acepte de nuevo, vuelve a mostrarse indiferente. Es como si todo el tiempo estuviese activo su deseo de aventura y una vez logra lo que quiere, vuelve a lo mismo. El verdadero amor acepta que se equivoca, se arrepiente de su error, pide un perdón sincero y cambia la mala conducta.

Pensar solo en sí mismo. El egoísmo es señal de inmadurez espiritual y emocional. Cuando el amor se ha perfeccionado en tu vida, aprendes a amarte a ti mismo y a valorar las necesidades de los demás. En el momento en que te casas, tu prioridad debe ser el bienestar de tu familia. Pensar solo en ti echa a perder la relación con tu esposa y tus hijos. El esfuerzo y el tiempo que inviertes en ellos producirán fuertes lazos de amor que prevalecerán por siempre. Aislarse emocionalmente de la familia puede provocar desde problemas de drogas en los hijos, embarazos no deseados y hasta suicidios. Aunque el hombre por naturaleza no se inclina a hablar de emociones y sentimientos, necesita tener la disposición de aprender a hacerlo.

Querer demostrar su autoridad gritando y profiriendo palabras hirientes. Las personas usan los gritos y las palabras soeces para amedrentar a los demás porque se sienten muy inseguros, porque tienen mucha frustración e ignoran qué hacer en una situación determinada. Dado que la mujer suele tener más facilidad verbal para elaborar buenos argumentos en medio de una discusión, muchos hombres se sienten perdidos, y recurren a los gritos y a los insultos para hacer valer su palabra. La próxima vez que vayas a alzar la voz, recuerda que lo que está gritando en ti es la frustración, el miedo y la inseguridad.

No aceptar ayuda profesional. Pensar que no necesita ninguna ayuda por la creencia equivocada de que «*ya él es así y no va a cambiar*». No tienes que morir con tus deficiencias de carácter. Todas las personas tienen la capacidad de aprender cuando reconocen sus debilidades. El hombre triunfador es aquél que se expone al cambio y confía en que cada día puede ser mejor.

Perderse la maravilla de la paternidad. Cuando ignoras las necesidades emocionales de tu esposa y tus hijos, vives desconectado de ellos y perdiendo la oportunidad de escuchar cuando te digan un día: «*No hay nadie como tú papá*». ¿De qué te vale saber mucha matemática y muchos tecnicismos e ignorar las técnicas del amor y del afecto? Derrochar las horas en el trabajo y ser tacaño con el tiempo de amar te priva del placer de compartir y disfrutar con tu familia. Todo en la vida tiene su tiempo, debes buscar siempre el balance.

No decirle a la esposa lo bien que se siente a su lado ni reconocer o expresar lo bueno que hay en ella. Pensar que solo hay que señalar cuando hay algo incorrecto porque «si todo está bien, para qué hablar tanto». Las palabras de reconocimiento son muy importantes, tanto en la vida de los hombres como en la de las mujeres.

ESTRATEGIAS PARA QUE EL HOMBRE RENAZCA

Evalúa el diálogo diario con tu familia. Hablar y manifestar tus emociones te hace sentir libre y, de esa manera, les abres la puerta a los que te rodean para que logres que se acerquen a ti. Así pueden compartir contigo experiencias significativas que promueven su crecimiento y superación personal. Cuando te evalúes toma en consideración: si tus familiares se acercan a ti con confianza o con temor, si prefieren delegar en otra persona para que te diga los mensajes o si te ocultan información. Si tus respuestas a estas preguntas son afirmativas, necesitas mejorar tu comunicación emocional. Pídele autorización a un familiar tuyo con quien hayas tenido un conflicto, para grabar una conversación con él. Evalúa el tono de voz, la calidad y el significado de las palabras, así como el contenido del diálogo. Analiza si tu expresión motivó un cambio positivo de actitud o si fue hiriente y mordaz. ¿Te sientes satisfecho de cómo resolviste la situación?

Abrir un espacio para que tus familiares te digan con honestidad cómo se sienten, te permitirá aprender nuevas formas de comunicación no violenta. Recuerda que no es lo mismo como tú te ves a cómo te ven los demás.

Abre tu mente a la posibilidad de encontrar una persona en quien confiar. Tener el apoyo de una persona ajena al problema te brinda claridad y otra perspectiva de la situación, porque no está involucrada emocionalmente como lo estás tú. Cuando tienes un accidente, el que está afuera puede narrar lo que pasó porque es un espectador. De la misma manera, un consejero o un psicólogo analiza los problemas desde afuera sin que los sentimientos le nublen el entendimiento. Así, lo que hace es prenderle la llama de la esperanza al cliente para que él mismo pueda descubrir que cada problema tiene la semilla de la solución. También hay personas que no son psicólogos pero tienen el amor, la sabiduría y la empatía para ayudarte a ver las avenidas que te conducen a elevarte por encima de tus problemas o debilidades de carácter. Evalúa cuáles son tus flaquezas y reconoce si necesitas ayuda profesional. Si es así, reserva una cita hoy con un experto de la conducta. Es de sabios admitir cuando uno no puede resolver una situación por sí solo. No esperes tocar fondo, pero si lo has hecho, ten presente que al llegar al fondo la única salida es hacia arriba. ¡Anímate, hay esperanza!

Planifica un proyecto que sea importante para todos. Reconoce que no somos totalmente autosuficientes; en la vida nos necesitamos unos a otros. Aprende a disfrutar del trabajo en grupo. En la vida cada uno debe aportar lo mejor que sabe hacer en beneficio de los demás. La familia es un gran equipo en el que todos aportan sus capacidades para el beneficio de todos. Un buen modo de ensayar sería organizar un viaje de vacaciones. Para planificarlo, pueden reunirse en familia y determinar el lugar. En esa etapa descubrirán sus gustos personales y sus sueños, entre otros. Aprenderán a comunicar sus deseos, a hablar por turnos, a escuchar las ideas que cada uno trae, a escoger lo que más beneficie al grupo y a estar contentos con la decisión que prevalezca. Luego de escoger el lugar, pueden determinar los sitios que van a visitar. También pueden calcular la cantidad de dinero que necesitan y qué actividades hacer para generar más ingresos. Todo esto ayuda a la familia a unirse y a amarse, aunque a veces piensen diferente.

Evalúa tu programa de trabajo y esfuérzate por reducirlo a ocho o a diez horas laborables. Esta es una buena forma de bajar tus revoluciones, para que puedas observar cuáles son las necesidades emocionales de la gente que amas y que te aman a ti.

En la carrera de la vida, la velocidad nos impide captar el detalle. Cuando bajas el ritmo y caminas conscientemente, aprecias, valoras y disfrutas del paisaje de la gente que te ama.

Si todavía no te has casado y piensas hacerlo, analiza las consecuencias que han tenido que afrontar otras personas que han contraído matrimonio sin tomar en cuenta la diferencia de edad. Hay una alta probabilidad de que al casarte con una mujer menor, sentirás todo el tiempo el temor de que otro hombre —con unos atributos que ya tú no tienes—, enamore a tu esposa. Si, por el contrario, te casas con una mujer mucho mayor es probable que termines atendiendo situaciones de enfermedades como diabetes, artritis, Parkinson o Alzheimer, entre otras. Si después de conocer esto todavía insistes en casarte, es tu decisión, pero debes asumir las consecuencias con responsabilidad y sin quejarte. La gente se casa idealizando todo, pero la realidad de la diferencia de edad es muy triste, aunque hay sus excepciones.

Reconquista a tu esposa. Cuando veas que la relación con tu pareja se torna fría, en vez de acusarla, toma nota de las cosas que hacías para enamorarla en la etapa de noviazgo y comienza a practicarlas otra vez. Te sorprenderás de los resultados.

Cultiva tu paternidad. En los casos en que no se ha ejercido una paternidad responsable, no se debe pretender que sean los hijos quienes busquen un acercamiento. Explícales cómo te equivocaste al no valorar tu función como padre y pídeles perdón por el daño que les hayas causado. Demuéstrales cuánto te arrepientes del tiempo perdido. El perdón es el pegamento que restaura las relaciones rotas. Nada es imposible para el perdón. No puedes volver atrás, pero sí tienes la oportunidad de recomenzar la relación y aprovechar al máximo los momentos para demostrarse amor.

EJERCICIOS REFLEXIVOS PARA EL HOMBRE

1. ¿Te sientes en la libertad de poder hablar de tus temores y sentimientos más íntimos con tu novia, esposa o con alguna persona significativa? Explica.

2. ¿Te casarías con una mujer mayor o menor que tú? ¿Por qué?

3. ¿Qué aspectos puedes mejorar en la forma de comunicarte y cuáles estás dispuesto a trabajar para perfeccionarte?

4. Evalúa tus conversaciones:

_____ ¿Cuánto tiempo dedicas a dar órdenes?

_____ ¿Cuánto tiempo inviertes en señalar lo incorrecto?

_____ ¿Cuánto tiempo ocupas en reconocer y ser agradecido con los que comparten contigo cada día?

ERRORES COMETIDOS POR LA MUJER EN ESTOS CASOS

Casarse con un hombre mayor que ella. En el momento de enamorarte de un hombre considerablemente mayor que tú, debes analizar las razones que te mueven a hacerlo. Por lo general, la mujer se relaciona con un hombre mayor buscando la seguridad que ella cree que los jóvenes de su edad no le pueden ofrecer. No se percata de que ella tampoco tiene mucha experiencia. Sin embargo, lo mejor sería seleccionar un joven que fuera responsable y que juntos fueran capacitándose para la vida: terminar de estudiar, trabajar y ahorrar, comprar una casa y luego de que se hayan conocido bien y ganado experiencia, casarse. Cuando buscas un hombre mayor también encuentras situaciones mayores: manejar relaciones con ex esposas, hijos de matrimonios anteriores, pensiones alimentarias, o posibles conflictos entre los hijos que tengas con él y los que ya él tiene. Por otro lado, la mujer puede estar buscando el amor de un padre que estuvo ausente (bien sea porque hubiera muerto, porque abandonó a la familia o porque, aunque estaba presente en el hogar, no le dio las atenciones que un hijo necesita). Así que la mujer vive buscando una figura de autoridad y la experiencia de alguien que les pueda dirigir. En el caso de esta relación de matrimonio desigual, ella se convierte en una hija más que se acostumbra a una relación unilateral en la que él es quien tiene el poder y actúa como si fuera su papá.

Dejarse impresionar por la apariencia de seguridad que le ofrece la imagen idealizada del príncipe azul. Durante los años de adolescencia las damas construyen en su mente a un hombre ideal, que integra las mejores características de cada uno de los galanes de Hollywood y los príncipes de Disney. Aunque ese caballero no existe en la realidad, sí es real en la imaginación de muchas jóvenes. Por eso viven buscando su príncipe azul, como si fueran las doncellas desvalidas de los cuentos de hadas. Tu seguridad nunca debe provenir de otras personas, porque estas te pueden fallar o te pueden faltar en algún momento. Tu seguridad debe descansar en que Dios te creó con unas grandes capacidades, y te ha dado la inteligencia y la sabiduría para realizar todo lo que te propongas hacer, cuando confías en Él y en ti misma. Además, Dios ha prometido en su Palabra que estará con sus hijos hasta el fin. Es importante señalar que por más que Dios te dé inteligencia, si no lo crees y piensas que tu seguridad depende de otra persona, no lograrás tus propósitos. Necesitas comprender que eres valiosa y tienes seguridad porque eres hija de Dios. Cuando conoces que esa es tu verdadera identidad, fortaleces tu autoestima.

Esperar demasiado tiempo soportando maltrato en silencio por miedo, en lugar de buscar consejería matrimonial. Ninguna relación puede estar basada en el miedo. El temor denota inseguridad en ti misma y le das permiso a la otra persona para que ejerza control sobre ti. Los problemas hay que enfrentarlos desde que se asoman en el panorama porque, de lo contrario, cada día se complican más hasta llegar a afectar la salud emocional tuya y la de tus hijos. El miedo te paraliza, pero Dios te vivifica y te llena de sabiduría para que lo puedas vencer. El miedo se derrota haciendo lo que temes.

Procrear hijos en una relación llena de conflictos. En lugar de resolver primero los problemas, muchas veces la mujer tiene hijos en relaciones tormentosas creyendo que transformarán a su esposo en un hombre más sensible, de mejor carácter, y que lo mantendrán más tiempo en el hogar. Esta es una idea errónea porque en un hogar disfuncional, la llegada de un hijo es otro elemento que se incorpora al conflicto. Un hijo implica más responsabilidades y exige más tiempo, por lo que genera mucho estrés en ambos. Si la relación de la pareja no es suficientemente sólida, tiene más probabilidades de sucumbir ante el reto que implica cuidar un bebé.

Volverse tan iracunda y amargada como el esposo, y desquitarse con sus hijos. Se debe imitar lo bueno y desechar lo malo. ¿Cómo imitar la conducta que a ti misma te ha provocado tanto dolor? ¿Por qué desquitarte con ellos el maltrato que te produce tu esposo? Soportas a tu esposo por miedo y, sin estar consciente de lo que haces, descargas tu frustración en tus hijos porque son frágiles e indefensos. La persona que maltrata se aprovecha de la debilidad de otros y así se sigue la larga cadena del maltrato. No conviertas a tus hijos en otro eslabón de esa cadena.

ESTRATEGIAS PARA QUE LA MUJER FLOREZCA

Ocúpate desde ahora de evaluar las consecuencias de casarte con un hombre mayor que tú. Prepárate mentalmente para fijar tu atención en hombres que no sean mayores ni menores que tú, o que la diferencia de edad no sea muy marcada. Si eres mucho menor que tu esposo querrás —de forma inconsciente— aparentar la misma edad de él. He visto jóvenes vestirse como una mujer madura porque su esposo ya tiene cincuenta años. Por otro lado, si eres mucho mayor que tu esposo vivirás esforzándote por lucir lo más joven posible porque siempre albergarás el temor de que él se enamore de otra más joven. Piensa que tendrás que afrontar la carga del rechazo social y decídete a relacionarte con hombres de tu edad. Las relaciones de por sí requieren un gran esfuerzo para que la mujer y el hombre puedan entenderse; imagínate si le añades la complicación de la edad.

Analiza las razones por las que quieres casarte. Evalúa cómo te sientes en este momento. ¿Te sientes feliz? ¿Te sientes realizada? Cuando te enamores, ocúpate de estar segura de que quieres a ese hombre para compartir tu felicidad y no para que te haga feliz o por alcanzar algo (posición social, dinero, beneficios) como las princesas en los cuentos de hadas.

Conócete a ti misma. Escribe una lista de lo que tú quieres lograr en tu vida y de todo lo que te hace feliz. Cuando mencionas específicamente lo que anhelas, sabes lo que en realidad quieres y trabajas para lograrlo.

Antes de lanzarte a buscar pareja, define de forma específica cómo quieres que sea tu esposo. Después de estar satisfecha con quien eres como persona, estarás capacitada para definir lo que quieres de un hombre. Haz una lista de las características que buscas en un esposo. Las personas salen a buscar un automóvil que tenga cuatro ruedas, pero todos los autos tienen cuatro ruedas. En el ejemplo del carro, puedes definir cuál quieres si conoces lo que necesitas y lo que te gusta; como si puede transitar por caminos difíciles o si te alcanza el presupuesto, entre otras consideraciones. Si identificas tus necesidades emocionales y físicas, así como tus capacidades y tu valía, estarás en posición de escoger a una persona acorde a tu valor. Muchas féminas piensan que si buscan un varón con la capacidad de generar un ingreso acorde con sus necesidades las tildarán de interesadas, cuando la realidad es que ninguna persona debe casarse con alguien que le ocasione problemas económicos. Esto no quiere decir que estés buscando un hombre para mejorar tu situación económica, sino que razonas y eliges responsablemente con quién vas a compartir tu vida. Si evalúas a conciencia con qué tipo de hombre quieres casarte, tendrás menos probabilidades de establecer una relación con un maltratante.

Fortalece tu autovalía. Amarte y valorarte a ti misma es un proceso que requiere lograr una conexión con Dios, adquirir unos conocimientos de autoayuda, así como desarrollar tus capacidades físicas, mentales, emocionales y espirituales. No te acuestas hoy sin valor y te levantas mañana con valor. Empieza a colocar la primera piedra de la edificación de tu autoestima. Lo primero es reconocer que eres una creación de Dios; eso nada más te hace valiosa. Luego, decídete a hacer todo aquello que no te has atrevido. Según vayas alcanzando logros se fortalecerá tu capacidad para valorarte. Eso crecerá día a día; es un proceso que no termina.

Observa en las noticias televisadas cómo se comporta la gente en las diferentes situaciones de la vida. Fíjate cómo discuten, pelean y se dejan llevar por arrebatos de ira; y observa las consecuencias. Así mismo te ves cuando actúas de esa manera. Aprende a verbalizar con prudencia las cosas que no te gustan. Resístete a tolerar lo intolerable, pero siempre ten presente que en todo lo que digas o hagas te respetes a ti misma, a los demás y a Dios, quien te creó para bendición. Tú eres valiosa.

Si quieres sufrir, sufre tú sola. Ejerce tu sexualidad responsablemente. No traigas hijos al mundo si no has podido resolver tu propio sufrimiento. Mira hacia el futuro y responde con honestidad si tu matrimonio tiene las condiciones para formar a un individuo sano física, emocional y espiritualmente. Analiza y planifica previamente si traerás un hijo al mundo con una conciencia de bendición o si solo vendrá a perpetuar la larga cadena de dolor y sufrimiento que tú misma has cargado. Y si concebiste ya o tuviste hijos en un estado de inconsciencia, ámalos y decide romper con la cadena del maltrato.

EJERCICIOS REFLEXIVOS PARA LA MUJER

1. ¿Te casarías con un hombre mayor o menor que tú? ¿Por qué?
2. Mientras reflexionabas sobre el caso citado, ¿recordaste algún problema que has postergado por miedo a enfrentarlo? ¿Todavía crees que se resolverá con el tiempo? ¿Qué piensas hacer?
3. ¿Cuál es tu miedo más profundo y cómo lo vas a vencer?

SEMILLAS DE AMOR

Si lo que aprendiste en tu hogar de origen te ha provocado tanto dolor, no lo sigas repitiendo. Hoy puedes aprender nuevas estrategias para vivir a plenitud, porque el proceso de aprendizaje nunca termina.

Capítulo 8

HORROR 28

Creer que ver pornografía es una buena técnica para mejorar tu vida sexual.

HORROR 29

Pensar que es una buena decisión abandonar a tu esposa y a tus hijos por una amante, creyendo que con la «otra» no vas a tener problemas.

HORROR 30

Enamorarte de una mujer casada, divorciarte de tu esposa para casarte con ella y pensar que vas a poder confiar en ella ciento por ciento.

Vivimos en la era de los adelantos. El hombre ha llegado a lugares donde jamás pensó, ha podido inventar los equipos más sofisticados para ver a distancias extraordinarias y ya puede hacer cirugías hasta con robots especializados. En la comunicación no puedes decir «tengo lo último en tecnología», porque al día siguiente han inventado otro artefacto que es más adelantado que el que compraste ayer. Además, ya hay medicamentos en el mercado para aliviar casi todos los dolores. Toda esa revolución de conocimiento es maravillosa y te deja ver la mano maestra de Dios, quien formó al hombre con unas capacidades sorprendentes.

A pesar de esos avances, el hombre no ha podido descubrir una pastilla o un artefacto que le supla felicidad y le elimine sus frustraciones. Sí, hay medicamentos que ayudan a las personas a controlar su estado de ánimo, pero ninguno promete ni ofrece un estado de felicidad y bienestar que le permita sentirse satisfecho, realizado y con un deseo inmenso de vivir. Si no lo crees, visita los hospitales de salud mental y te sorprenderás de la increíble cantidad de pacientes que están allí internos, y de las grandes listas de espera de personas que aguardan para ser asistidos. De esos que son atendidos, muchos regresan al hospital con nuevas crisis, otros asisten con regularidad y unos pocos salen totalmente sanados para siempre.

Esta situación te demuestra que a pesar de lo beneficiosos que pueden ser los tratamientos, las terapias y los fármacos, si el ser humano no cambia sus estructuras de pensamiento, continuará yendo a la luna e inventando tecnología, pero seguirá arrastrando su problema existencial. Dios te creó, y como criatura formada por Él debes vivir cerca de tu Creador, tener afinidad con Él y conocer todo lo que tiene para tu vida y vivir en armonía con sus enseñanzas. De esa manera, vives a plenitud porque tienes una sana identidad, y el respaldo de alguien que estará contigo siempre y te ayudará a enfrentar cualquier circunstancia que se te presente. Este elemento es fundamental para alcanzar una vida espiritual plena..

Sin embargo, muchos no comprenden esto y viven buscando llenar ese vacío espiritual con drogas, alcohol, juego, sexo, pornografía o todo lo que le pueda proporcionar placer inmediato. Dios dotó a cada persona con un sorprendente cerebro y le dio la libertad de administrarlo. De acuerdo a la información que le suministres, el cerebro funcionará.

> Dios te creó, y como criatura formada por Él debes vivir cerca de tu Creador, tener afinidad con Él y conocer todo lo que tiene para tu vida y vivir en armonía con sus enseñanzas.

El cerebro controla todos tus movimientos, voluntarios e involuntarios. Esa estructura puede ser sacudida por las circunstancias que enfrentamos cada día, pero todos —gracias a ese poder de la voluntad— tenemos la libertad de responder a esas circunstancias de acuerdo a la información con que hayamos alimentado esa gigantesca computadora cerebral.

Desde que estás en el vientre de tu madre almacenas información, y desde el nacimiento hasta la muerte sigues en un proceso de desarrollo físico, mental, emocional y espiritual. Para que estos procesos ocurran saludablemente, debes estar alerta de tal manera que suministres a tu vida los elementos necesarios para lograr un crecimiento exitoso. Esto no se puede dejar a la suerte; la suerte no existe. Debes trabajar con intensidad todo el desarrollo de tu vida física, emocional y espiritual.

Los niños comienzan a imitar a sus padres o a las personas que están a cargo de su cuidado. Imitan gestos, sonidos, costumbres y, a medida que crecen, todo eso que han aprendido, se convierte en un cúmulo de experiencias. En la medida que el niño crece, estas experiencias se tornarán más complejas. Pero así como aumenta esa complejidad, se debe ir capacitando al niño emocional y espiritualmente para que tenga las herramientas adecuadas para trabajar con eficiencia cada circunstancia que se le presente en la vida.

Cuando la calidad de lo que los padres enseñan es buena y es respaldada por sus acciones, y cuando se instruye y se alimenta su vida espiritual, los niños van fortaleciendo día a día ese banco de datos. Así desarrollan convicciones, que no son otra cosa que esas ideas que están bien arraigadas en su vida y que se convierten en su sistema de pensamientos o en su sistema de valores. Estas ideas son la brújula que va a dirigir sus decisiones y, por ende, su vida. Son el filtro por el que pasan y pasarán todas sus experiencias. Son como los

Se debe ir capacitando al niño emocional y espiritualmente para que tenga las herramientas adecuadas para trabajar con eficiencia cada circunstancia que se le presente en la vida.

guardias que vigilan la entrada a un edificio. Todo lo que aprendes en la vida pasa por esa entrada o ese filtro.

Si, por el contrario, la calidad de las enseñanzas y experiencias ha sido mala, los resultados de su computadora cerebral serán posiblemente equivocados, porque responden a la vida a base de experiencias acumuladas. La buena noticia es que mientras haya vida se pueden modificar los pensamientos y la conducta si la persona se somete a nuevas influencias positivas. Tengo la certeza de que el individuo puede transformar su existencia y su ambiente, si se somete a nuevas vivencias enriquecedoras y ejerce esa voluntad que Dios le dio.

Dios fue tan sabio que creó al ser humano con la libertad de elegir y, a pesar de que el hogar tiene mucha influencia en la vida, también la escuela, la iglesia, los medios de comunicación, un libro, un maestro o alguna otra persona pueden tocar tu vida de manera significativa. Por esa razón se escribió este libro, porque tenemos la esperanza y la convicción de que las personas pueden cambiar cuando se someten al poder transformador de Dios. Él nos creó, por tanto, Él ama su creación y quiere provocar cambios. Lo único que hace falta es que aceptes que necesitas cambiar los malos hábitos aprendidos.

Te preguntarás: «¿Por qué tengo tantas debilidades, si Él me puede cambiar?». Yo te pregunto a ti: «¿Cómo un médico te va a hacer un trasplante de corazón, si no reconoces que estás enfermo o si no vas a su oficina? ¿O si lo reconoces y ya que te va a operar, te sales de la camilla y te vas para tu casa?». El ser humano se expone a diversidad de influencias y vivencias, y tiene la capacidad de aprender, desaprender y sobreponerse al ambiente, y a las circunstancias en que se formó y ha vivido. Para ello es necesario que la persona llene su mente de pensamientos que transformen lo negativo que aprendió, en ideas positivas y de crecimiento. Por eso Pablo en la carta escrita a los romanos les dice: «no se amolden al mundo actual, sino sean transformados mediante la renovación de su mente. Así podrán comprobar cuál es la voluntad de Dios, buena, agradable y perfecta» (Romanos 12.2).

El plan de Dios para tu vida es que seas feliz y que tengas paz, pero te da la oportunidad de elegir lo que quieres. En tus manos está renovar tu mente o acomodarte a la infelicidad de los malos patrones de pensamiento que han dirigido tu conducta y perpetúan tu infelicidad. La decisión cuesta esfuerzo, pero el resultado es incomparable. Renueva tu mente con las lindas ideas que Dios tiene para ti. Vive la vida en un continuo estado de renovación y limpieza profunda.

En el libro *Las seis decisiones más importantes de tu vida,* el reconocido escritor y conferenciante Sean Covey, les explica a los adolescentes cuáles son las raíces de cualquier adicción.[1] Igual que Covey, en mis consejerías he podido comprobar cómo los que llegan con problemas de adicción (alcohol, drogas, pornografía, computadoras, videojuegos, celulares, el trabajo, etc.), cuando narran la historia de su vida manifiestan mucho dolor, angustia y en muchos casos, hasta rebeldía. En el fondo de cada relato lo que se encuentra es la inseguridad y el deseo de sentir que se pertenece a algo, la presión de grupo (otros lo hacen), querer ocultar un pasado doloroso (abuso sexual, divorcio, maltrato físico y emocional, la muerte de un ser significativo que no se ha podido superar), evadir los problemas y hasta la curiosidad por saber lo que se siente en una situación dada.

Gladys llegó a mi oficina muy triste, frustrada y muy decepcionada. Llevaba diez años de casada con su esposo, tenían tres hijos y era una familia que aparentemente tenía una buena relación. Una noche se despertó y no vio a su esposo a su lado. Fue al baño y no lo encontró, así que recorrió la casa para ver si le había pasado algo. ¡Cuál no sería su sorpresa cuando descubrió que Felipe estaba viendo pornografía en la Internet! Estaba tan absorto en lo que veía que ni se dio cuenta de que ella había entrado a la habitación. Cuando se sintió descubierto, él quedó destruido y sintió mucha vergüenza, porque siempre había sido conocido como alguien respetable. La esposa quedó tan impresionada por el incidente que le planteó el divorcio, sin pensar en más ninguna alternativa para resolver la triste situación. Ella le expresó que lo encontraba sucio y que se había roto la confianza que tenía en él. Le expresó que con este acto él demostraba que no era aquel buen hombre que ella siempre había pensado. Además, sentía que él le había sido infiel, viendo todas aquellas imágenes.

La Internet ha sido uno de los inventos cumbres de la información, pero también ha sido una de las terribles difusoras de la pornografía. Y es que este medio la ha puesto al alcance de todos en la comodidad del hogar, a cualquier hora, en cualquier lugar, sin que nadie te vea y con toda la libertad para seleccionar lo que quieras para «envenenar» tu mente en cualquier momento. Digo «envenenar» porque la pornografía engancha a la persona desde que la empieza a ver por curiosidad, hasta convertirla en adicta. Esto llega al extremo de que luego necesita verla a cada momento privándole de las horas de sueño, de descanso y de compartir con su familia, hasta llevarlo a ser disfuncional en su trabajo.

La pornografía es adictiva porque al provocar sensaciones placenteras se conecta a las vías cerebrales del placer. Cuando el cerebro recibe ese estímulo el individuo lo quiere repetir una y otra vez. De la adicción a la pornografía surgen las violaciones, el abuso de niños, el abuso de drogas, la violencia contra las mujeres, los pedófilos y todo tipo de aberración sexual. Múltiples estudios han demostrado que esta distorsiona gradualmente el propósito para lo que fue creado el sexo.

Dios establece las relaciones sexuales para disfrutarlas en el matrimonio basadas en el amor, el respeto y el compromiso.

Gene MacConnell, un ex adicto a la pornografía, fundador y presidente de la organización Relaciones Auténticas, publica un excelente artículo sobre los efectos de la pornografía y cómo esta destruye el verdadero contexto en que Dios quiso que se disfrutara el sexo.[2] Mientras las imágenes pornográficas estimulan las relaciones sexuales con cualquier persona sin compromiso y sin amor, Dios establece las relaciones sexuales para disfrutarlas en el matrimonio basadas en el amor, el respeto y el compromiso. McConnell menciona una serie de falacias que la pornografía promueve. Por ejemplo: La mujer es presentada como un objeto, como un animalito (las conejitas de Playboy) o como un deporte en el que el hombre juega, conquista y gana un trofeo para su colección. También se les presenta como una mercancía que se puede comprar. Las películas de esta índole muestran que la mujer vale solo por su físico. A las que se salen del ideal de belleza (que representa solo un siete por ciento de la población femenina), se les ridiculiza. Otra idea que se promueve en estos filmes es que las mujeres disfrutan al ser humilladas, denigradas, violadas y maltratadas. De ahí proviene la proliferación de látigos y otros artefactos de tortura en las relaciones sexuales. Muchas escenas muestran como una conducta normal que los niños y los adultos interactúen sexualmente: por eso las mujeres se disfrazan de niñitas. Esto tiene un grave impacto en el abuso sexual infantil.

El solo hecho de mencionar algunas de las ideas erróneas que presenta la pornografía nos hace sentir repugnancia y dolor por todo lo que daña al que participa de este acto, así como por las víctimas inocentes que son afectadas por el que se expone y corre a practicar las aberraciones que vio.

En un congreso para la familia tuve el privilegio de conocer y escuchar a Gene MacConnell. Este hombre expresó con mucho dolor cómo fue violado a la edad de seis años por la mujer que lo cuidaba. ¡No se lo comunicó a nadie, como por desgracia le pasa a miles de niños! Como ya expliqué en un capítulo anterior, lo que se mantiene sin confesión y se queda en la oscuridad interior, se convierte en un cáncer emocional que te lleva a otros problemas mayores. En el caso de MacConnell, él comenzó a ver pornografía a los doce años. Cada vez quería experimentar más placer, hasta que decidió llevar a la práctica lo que había visto.

Se fue a un estacionamiento que estaba muy oscuro y, al ver a una mujer sola que se dirigía a su vehículo, la persiguió, la agarró por el cuello para llevarla al auto y violarla. Había visto escenas de violación en las películas pornográficas y ahora las quería practicar. Cuando él vio la cara de terror que tenía la mujer, se estremeció y se dio cuenta de la barbaridad que iba a cometer. La soltó y huyó, pero mientras huía despavorido, ella escribió el número de la tablilla de su auto. Más tarde fue acusado y sentenciado a cuarenta y cinco días de cárcel. MacConnell explica que ser descubierto fue decisivo para su restauración.

Otro ejemplo de los efectos nocivos de la pornografía es el de Ted Bundy; un asesino en serie estadounidense que cometió aproximadamente 100 asesinatos y fue ejecutado en la silla eléctrica. En su infancia, se le hizo creer que sus padres eran sus abuelos maternos, y que su madre era su hermana mayor porque su madre era soltera y sus padres no querían que ella pasara por la vergüenza social.[3] Además, nunca se supo quién era su padre. Más tarde ella se casó y procreó otros hijos. Se dice que aunque el padrastro trató de hacer un vínculo emocional de padre a hijo con él, no lo logró. El doctor James Dobson, reconocido autor y psicólogo norteamericano entrevistó a Ted Bundy el 23 de enero de 1989, horas antes de su ejecución en la silla eléctrica y aunque en la entrevista él afirma que se crió en una familia feliz, creo que desde muy pequeño vivió sin crear vínculos con su familia y comenzaron a edificar su vida sobre una mentira.[4] No sabemos en qué momento descubrió la verdad de que quien siempre le habían enseñado que era su hermana, era su mamá. La mentira siempre trae consecuencias amargas. A los doce años encontró revistas pornográficas en la basura del vecindario con pornografía refinada y luego cada vez el vicio le pedía más. Así que continuó viendo pornografía cruda y violenta que como dice Dobson «encendió sus fantasías». Cada día buscaba algo más fuerte hasta que quiso experimentar, haciendo realidad lo que veía.

¿Qué se ve en esa pornografía cruda? James Dobson lo describe para que las personas estén conscientes de la diferencia entre pornografía cruda y pornografía refinada.[5] Aunque ambas son nocivas, la refinada es la puerta de entrada al vicio a través de las revistas que se venden libremente en los diferentes comercios. La llamada cruda o violenta presenta: mujeres desnudas que están siendo golpeadas y recibiendo latigazos, pistolas que están siendo disparadas en la cara de la mujer, palos de escoba que introducen a la fuerza en las cavidades del cuerpo, caballos teniendo relaciones sexuales con mujeres en contra de su voluntad, cuerpos mutilados de mujeres especialmente en el área genital. ¡Imagínate que repercusión tan horrible trajo para la vida de Ted Bundy el sembrar toda aquella pornografía en un corazón vacío de vínculos afectivos y lleno de soledad! Las imágenes violentas reafirmaron la insensibilidad y la ausencia de lazos afectivos que había en él. La pornografía violenta se va apoderando de la mente del individuo hasta querer hacer realidad las fantasías que observa. Esto fue lo que llegó a hacer Bundy y lo confiesa en la entrevista con el doctor Dobson. ¿Cuántos niños de hogares disfuncionales y violentos están añadiendo más violencia a su vida con material pornográfico que adquieren fácilmente a través de la Internet y de material que sus padres ven y lo tienen guardado en sus hogares? Bundy mismo confesó haberse interesado en estas películas y en textos en los que la violencia se relacionaba con el sexo. Explicó, además, cómo había conocido otros hombres con su misma conducta y que todos habían estado estrechamente vinculados con la pornografía.

De acuerdo a la información que le suministramos a nuestro cerebro, así somos, Por eso es tan importante sembrar pensamientos de bien que alimenten nuestros sentimientos y nuestras acciones. Pensamientos que nos dirijan a todo camino de verdad y de justicia.

La buena noticia que tengo para ti es que no importa quién te crió sino quien te creó y Dios ha puesto en ti la responsabilidad de ejercitar tu voluntad. La decisión de liberarte de esas conductas peligrosas radica en lo que tú quieres hacer con tu vida. Tú decides: me sano o sigo en el desierto emocional, buscando satisfacer mi vacío de forma equivocada con este mal del siglo. El dolor emocional que te provocan los conflictos sin resolver los sana Jesucristo, quien con su infinito amor te levanta y te perdona, no importa cuán bajo hayas caído. No te rindas, busca ayuda porque lo posible lo haces tú y lo que crees imposible, lo hace Dios.

Otro caso de pornografía que atendí como consejera fue el de Ana, quien llegó a mi oficina muy confundida con lo que le había pedido su esposo. El problema consistía en que él le había propuesto alquilar una película pornográfica para avivar la pasión en su relación. Ella lo aceptó porque pensó que era bueno complacerlo en esta petición. Lo que empezó por una película continuó con la segunda y la tercera, hasta que ambos se convirtieron en adictos a la pornografía y ya llevaban tres años con esta práctica.

Allí estaba ella frente a mí, deshecha porque esto había convertido su matrimonio en un desastre emocional. Se sentía muy sola porque la conexión emocional de su esposo era con las imágenes que veía en la Internet. Ya nada les estimulaba porque la pornografía, como todo vicio, es progresiva. Ya lo importante no es lo que disfrutas tú con tu pareja como culminación del amor que se tienen, sino cuánto placer por mero placer puedes derivar tú solo de lo que ves en la pantalla. Tu mente se va corrompiendo y obsesionando, sueñas con llegar a la casa para conectarte a la computadora, comienzas a ver todo lo que te rodea con malicia y el sexo se convierte en un acto degradante para tu humanidad. La pornografía te dirige todo el tiempo hacia la autogratificación, hasta que quedas en una soledad emocional absoluta viviendo de las fantasías que te «vende» este material. El hombre se presenta como una máquina sexual sin sentimientos, insaciable, que solo piensa en alcanzar su propio placer.

Sin embargo, todas esas afirmaciones implícitas que se derivan de la pornografía son falsas porque Dios también te creó con sentimientos y una gran capacidad para dar amor. Jamás te corrompas con la pornografía, porque atenta contra tu verdadera identidad. Si lo has hecho, busca ayuda porque así como le has permitido a la corrupción entrar a tu vida, puedes pedirle a Dios con un corazón humillado y arrepentido, que entre para que te libere de la esclavitud de la maldad. En tu debilidad Él te hace fuerte.

La pornografía y las conversaciones por Internet con mujeres y hombres que no son los respectivos cónyuges, también promueven la infidelidad porque llevan al individuo a intimar emocionalmente con quienes no tienen o no deben tener ese privilegio. En el caso de la pornografía, esta llega a estimular relaciones íntimas entre tres personas o múltiples parejas. Es necesario que se defina el concepto de fidelidad. Fidelidad es lealtad, es respeto a la persona a quien le

> **La fidelidad trasciende el elemento meramente físico y abarca tanto el pensamiento como el aspecto emocional.**

prometimos amor, con quien hemos hecho un compromiso verbal y ante las leyes del estado, de reservarnos de forma exclusiva para esa persona. La fidelidad trasciende el elemento meramente físico y abarca tanto el pensamiento como el aspecto emocional. Hoy día se ven personas que se enlazan con otras por Internet o por teléfono, y luego dicen que eso no es infidelidad porque no han tenido relaciones sexuales. Tú o tu esposa pueden ser infieles sin llegar a tener una relación sexual con la otra persona con quien tengan una amistad íntima. Desde el momento en que permites una amistad donde sabes que hay otro interés que involucra atracción, estás siendo infiel y le estás faltando el respeto a tu cónyuge.

Javier llegó a mi oficina muy apesadumbrado. Me explicó que estaba casado por segunda vez y ya tenían varios años juntos. El problema consistía en que desconfiaba de su esposa. Cuando comenzó a hablar pensé que era un hombre celoso que posiblemente veía características de infidelidad donde no las había, pero seguí escuchando atentamente y observando su lenguaje no verbal. De repente, le pregunté: «¿Por qué crees que eres tan celoso... o será que tú tienes razones de peso para desconfiar?». En ese momento, aquello que él había evitado confesar, lo reveló con mucho esfuerzo y hasta con vergüenza, porque Javier parecía un hombre muy serio, respetuoso y trabajador.

Él, al igual que otros que he atendido en mis consejerías radiales, dejó a su esposa para casarse con su amante. Ella, a su vez, dejó a su esposo y tristemente también dejó a su hijo, para casarse con él, que en ese momento era su amante. Esta pésima decisión que ambos tomaron revela que las personas que se involucran en relaciones pasionales tienen huecos o conflictos no resueltos en su vida interior. Desde esos abismos de insatisfacción salen disparadas, como proyectiles, las decisiones irracionales que los acaban destruyendo emocionalmente a ellos mismos y a la gente que en realidad los ama. Jamás una persona debe dejar a sus hijos por ninguna relación. Ellos son un pedazo de nuestro corazón.

Según él mismo expresó, el ex esposo de ella era un buen hombre y la ex esposa de él también era una excelente mujer. El dolor que vivieron las personas traicionadas por ellos fue terrible y ahora Javier estaba experimentando celos porque pensaba que, según lo hizo con él, lo podía hacer con otro. En efecto, él había visto unas cartas insinuantes en el correo electrónico de su esposa. Además, había tenido acceso a los largos periodos de chateo que había sostenido con el que enviaba las cartas. Javier estaba temeroso. Anhelaba pensar que era falso, pero la evidencia le confirmaba sus sospechas. Además de eso, ella le pidió espacio. Así descubrí que sus celos no eran producto de su imaginación. Había razones para desconfiar y pensar que se estaba repitiendo la misma historia que ellos habían protagonizado cinco años atrás con sus respectivos cónyuges.

Las personas que llegan a la infidelidad lo hacen porque sienten insatisfacción, soledad y vacío. Erróneamente creen que se sienten así porque su cónyuge no los entiende y siguen cambiando de pareja buscando quién los comprenda, pero el problema está en ellos mismos. Se debe ser muy cuidadoso con esa frase «necesito espacio», porque la mayoría de las veces es un espacio para alguien más. Jamás les hagas a otros lo que no te gusta que te hagan a ti. Este matrimonio sigue unido, pero la semilla de la desconfianza está latente. Todo lo que siembras, eso cosechas.

Hombre, si no has logrado ser fiel comienza a analizar tu vida interior, identifica tus vacíos y necesidades, incorpora a Dios en tu vida espiritual y asiste a la iglesia de tu preferencia. Verás con cuánta claridad vas a iluminar tu vida, cuando haces de Dios tu centro. Ya no querrás dañar tu

Cuando descubres la paz que nos da estar en armonía con Dios, contigo mismo y con la gente que amas, descubres la alegría de vivir.

vida espiritual ni la de otros y tendrás la sabiduría para resolver tus conflictos asertivamente. Las relaciones extramaritales no llenan vacíos, sino que te sumergen en más problemas y ansiedades. No te dejes arrastrar por lo que te hace daño. Mientras te mantienes esclavizado a tus malos patrones de conducta, estás muerto en vida. Cuando descubres la paz que nos da estar en armonía con Dios, contigo mismo y con la gente que amas, descubres la alegría de vivir. Nunca olvides que eres verdaderamente libre cuando puedes escoger entre lo que te gusta y lo que es correcto y te decides por lo correcto. Esto sí te hace un verdadero hombre de integridad.

ERRORES COMETIDOS POR EL HOMBRE EN ESTOS CASOS

Vivir desconectado de Dios y de sus mandamientos. Cuando vives desconectado de Dios, estás esclavizado a practicar todo lo que te pide el cuerpo o la parte carnal, porque eres insensible a escuchar en tu corazón la voz del Espíritu que te quiere dar libertad, gozo, paz y fortaleza. Una criatura desconectada de quien lo creó, vive actuando sin la dirección de quien mejor la conoce y la ama. Es como querer arreglar un artefacto sofisticado sin el manual del fabricante. La vida es una sola y no se puede improvisar. Agárrate de tu creador porque Él te ama y te dirigirá a todo camino de verdad y justicia. Él tiene bendiciones en abundancia para los que le buscan de veras. En el libro de Sofonías, Dios mismo hablándole a Jerusalén, le dice un mensaje que tiene vigencia para nosotros y para ti que en este instante estás leyéndolo. En lugar de Jerusalén o Sión escribe tu nombre y aplícalo a tu vida. «No temas, Sión (_____) ni te desanimes, porque el Señor tu Dios está en medio de ti como guerrero victorioso. Se deleitará en ti con gozo, te renovará con su amor, se alegrará por ti con cantos como en los días de fiesta. Yo te libraré de las tristezas, que son para ti una carga deshonrosa» (Sofonías 3.16-18).

Pensar que ver pornografía es algo inofensivo. La curiosidad es muy peligrosa. No todo en la vida hay que verlo o probarlo para saber si es perjudicial o no. Es inteligente el que aprende de sus propias experiencias, pero es sabio el que aprende de las de otros. Ya conoces los efectos negativos de esta práctica, así que evita por todos los medios ser víctima de ella. Aléjate. Dios en su sabiduría, como un padre amante que nos quiere proteger, nos amonesta en su Palabra:

> Las obras de la naturaleza pecaminosa se conocen bien: inmoralidad sexual, impureza y libertinaje; idolatría y brujería; odio, discordia, celos, arrebatos de ira, rivalidades, disensiones, sectarismos y envidia; borracheras, orgías y otras cosas parecidas. Les advierto ahora, como antes lo hice, que los que practican tales cosas no heredarán el reino de Dios. En cambio, el fruto del Espíritu es amor, alegría, paz, paciencia, amabilidad, bondad, fidelidad, humildad y dominio propio. No hay ley que condene estas cosas. Los que son de Cristo Jesús han crucificado la naturaleza pecaminosa, con sus pasiones y deseos. Si el Espíritu nos da vida, andemos guiados por el Espíritu. (Gálatas 5.19–25)

Contrasta los beneficios de la vida que es dirigida por el Espíritu, con las amargas consecuencias de la que es impulsada por la naturaleza carnal. Hay ganancia para todo aquél que decide obedecer a su Creador. ¡Libérate de lo que te aleja de Dios!

Creer que ver pornografía aviva la pasión en el matrimonio. La pornografía lo que hace es avivar la conducta animal en el ser humano. Se aviva la pasión con el buen trato, la consideración, dedicándole tiempo de cantidad y calidad a la pareja. Esto sí es amor del bueno y es el mejor afrodisiaco.

No educarse sexualmente. Es lamentable que la publicidad, los medios de comunicación, los muñequitos y los juegos electrónicos promueven el sexo desenfrenado, la lujuria y búsqueda del placer. Por esta estimulación sexual que reciben los niños desde temprana edad, la pubertad cada vez llega más temprano en el desarrollo. En primer lugar, es necesario que los padres se eduquen en esta área, para que la puedan enseñar a sus hijos de forma adecuada. Fue muy triste para mí escuchar cómo —literalmente— un padre sentó a su hijo a ver una película pornográfica para que aprendiera sexo y se hiciera hombre. Nadie puede dar lo que no tiene, pero sí se puede aprender lo que no sabe. La educación sexual no es solo enseñarle el proceso de reproducción.

1. Es explicarles que Dios creó la sexualidad para que la disfrutásemos con la persona que amamos, dentro del vínculo que Él mismo creó: el matrimonio.

2. Es inculcarles que desde pequeños aprendan a valorar su cuerpo, comprender que es privado y que nadie tiene derecho a invadir su privacidad.

3. Es instruirlos a vestir con decoro, porque su cuerpo no está en venta, por tanto, no hay que exhibirlo.

4. Es mostrarles cómo deben relacionarse con el sexo opuesto, de tal manera que el día en que decidan enamorarse tengan los criterios adecuados para hacer una buena elección y sepan cómo comportarse durante ese periodo del noviazgo para que sea un tiempo propicio en el que conozcan profundamente a la persona con quien se van a unir en matrimonio.

5. Es inspirarlos, con nuestro ejemplo, a ejercer el compromiso de ser padres y madres responsables, cuando les llegue el momento.

6. Es crearles conciencia del impacto que tiene en su comportamiento el material que seleccionan para leer, escuchar o compartir.

7. Es demostrarles que toda relación desigual es injusta y que en las relaciones injustas no está presente el verdadero amor.

Ser infiel. La infidelidad es traicionar a la persona que te ama y se ha entregado incondicionalmente a ti. Es pisotear el amor que alguien te ha profesado. Aunque es posible perdonar una infidelidad, el proceso de restaurar la relación es difícil y doloroso. Atrévete a ser fiel y disfrutarás de la paz y la tranquilidad que representa amarse con fidelidad.

Enamorarse de una mujer casada y abandonar el hogar para irse con ella. Cuando haces esto estás faltando a tu dignidad; no estás honrando a tu esposa ni a tus hijos, ni estás honrando a Dios. Además, estás atrayendo maldición para tu vida, porque habrás sembrado en tu matrimonio la semilla de la desconfianza. Siempre estarás con la duda de si ella volverá a hacerte a ti lo que le hizo al anterior contigo.

No cultivar el verdadero amor. Muchas parejas están tan acostumbradas a encender la llama de la pasión embadurnándose de chocolate, prendiendo velas de olor y llenando la cama de rosas; en fin, todo lo que se puede comprar con dinero, pero no están dispuestos a entregarse en alma y cuerpo. No dedican tiempo a amarse y bendecirse uno al otro. Después que logres el vínculo emocional cultivando la ternura, entonces puedes llenar la cama de rosas.

ESTRATEGIAS PARA QUE EL HOMBRE RENAZCA

Pídele a Dios que en tu debilidad Él te haga fuerte. Dios como padre amoroso escuchará tu clamor y te bendecirá de manera especial. La Biblia dice que un corazón arrepentido Dios no lo despreciará. Dios te ama y ve tu dolor, y no importa cuán bajo hayas caído, Él te tomará en sus brazos y te ayudará a levantarte. Solo tienes que admitir que necesitas de su ayuda y tener la disposición de querer cambiar. Reconoce con mucha sinceridad que tu vida se ha vuelto ingobernable y que solo el poder de Dios puede ayudarte.

Busca ayuda profesional. Los estudios indican que es muy difícil vencer la pornografía sin la intervención de un experto en la conducta humana. Busca ayuda profesional para que ventiles tu problema. Las debilidades que permanecen ocultas tienen terreno fértil para crecer, pero cuando las sacas a la luz pierden poder sobre ti.

Decide eliminar todo material pornográfico que tengas a la mano. Lo mejor para eliminar la tentación a hacer algo, es alejarte de ello. Es como eliminar de la nevera o no comprar todo aquello que amenaza la salud del cuerpo.

Coloca la computadora en un lugar visible para que cierres esa puerta de tentación. No uses la computadora cuando todos los demás se han ido a dormir. Piensa en lo que significa la palabra fidelidad y todos los beneficios que esta implica: paz mental, armonía en el hogar, buen ejemplo para los que están contigo a diario y cero enfermedades de transmisión sexual. ¿Crees que vale la pena sacrificar todos estos beneficios por la atracción de otra mujer?

Descarta totalmente enamorarte de una mujer casada. Ni siquiera te expongas a tener una relación de amistad que involucre intimidad emocional. Aunque ante la sociedad eso es aceptado y las personas dicen: «¿Qué de malo tiene compartir con una amiga del trabajo?», nunca debes acercarte a las zonas de peligro. Si tienes tu carácter bien formado sabrás seleccionar lo que te conviene y lo que es justo para tu vida. Ese estribillo que se inventaron los que se dejan arrastrar por el «amor», las atracciones y las emociones, y que dice «en el corazón nadie manda», es falso. La verdad te hace libre. El verdadero amor no destruye hogares. Cuando la verdad —que es Jesucristo— ha iluminado tu corazón puedes seleccionar entre lo que te atrae y lo que te conviene. Así decides por lo que es bueno para tu vida y no violenta la armonía física, espiritual o emocional. Por eso La Biblia dice en Proverbios 10.23: «El necio se divierte con su mala conducta, pero el sabio se recrea con la sabiduría». Aprende a llenar tu mente de pensamientos como estos y formarás un gran carácter. Otra idea que te ayudará a vencer la tentación se encuentra en Proverbios 5.18–23: «¡Bendita sea tu fuente! ¡Goza con la esposa de tu juventud! Es una gacela amorosa, es una cervatilla encantadora. ¡Que sus pechos te satisfagan siempre! ¡Que su amor te cautive todo el tiempo! ¿Por qué hijo mío, dejarte cautivar por una adúltera? ¿Por qué abrazarte al pecho de la mujer ajena? Nuestros caminos están a la vista del Señor; Él examina todas nuestras sendas. Al malvado lo atrapan sus malas obras; las cuerdas de su pecado lo aprisionan. Morirá por su falta de disciplina, perecerá por su gran insensatez».

Domina tus emociones. Ensaya como si fueras un actor. Imagínate cuál sería tu manera de ser si tuvieras dominio de tus emociones. Esto implica que no importa cuál sea la circunstancia ni las personas con quienes tengas que lidiar, tú eres el dueño de tu voluntad, y tú y solo tú tienes la autoridad para decidir cuál va a ser tu respuesta. Elimina de tu mente la idea equivocada de que no puedes controlar tu deseo sexual o tu atracción por una mujer. Cuando mantenemos un vínculo estrecho con la presencia de Dios y llega la tentación sexual, la convicción le ordena a la voluntad: «No lo puedes hacer». Así desarrollas dominio propio, una cualidad indispensable para alcanzar el éxito en el control de las emociones. Las personas respetan y admiran a aquellos que tienen dominio propio y saben decir no, aunque la emoción les incite a decir sí.

EJERCICIOS REFLEXIVOS PARA EL HOMBRE

1. Escribe cuál fue la mejor lección que aprendiste de este capítulo.

2. ¿Cuáles son las mejores determinaciones que has tomado para tu vida?

3. ¿Qué harías si tu esposa te pidiera ver pornografía para avivar la pasión?

4. Piensa en lo que significa la palabra fidelidad y todos los beneficios que esta implica. ¿Crees que vale la pena sacrificarlos por la atracción de otra mujer?

ERRORES COMETIDOS POR LA MUJER EN ESTOS CASOS

Plantear el divorcio impulsivamente, como primera alternativa a la solución de un problema de pareja. El divorcio nunca es una solución, aunque en algunos casos —como los de violencia doméstica, infidelidad y abuso sexual— sea necesario para preservar la vida y la salud emocional de la familia. Aun cuando es necesario, trae tanto dolor y tantas consecuencias negativas, que se debe pensar bien y agotar todos los recursos para resolver la situación antes de llegar a un tribunal. No se está trabajando con cosas, sino con personas que sienten, que aman, que temen a la pérdida, que sueñan con tener una familia feliz. Por tanto, se debe hacer todo lo posible para salvar una relación, siempre y cuando no se atente contra la dignidad ni la seguridad del individuo o la familia.

Ante una noticia súbita o al descubrir un hecho inesperado, lo mejor es detenerse a meditar las posibles alternativas que lleven a la solución. En momentos de tensión se toman muy malas decisiones. Cuando a alguien le tienen que amputar una extremidad, la persona busca una segunda opinión de otro profesional, busca la de un tercero, pide que le den otro tratamiento y hace lo indecible para salvar su extremidad. Cuando decide someterse a la operación, ya ha agotado todos los recursos. ¿Por qué no hacer lo mismo cuando se trata del corazón de la sociedad: la familia? Se deben agotar todos los recursos antes de recurrir al divorcio.

Ser infiel al esposo y abandonar a sus hijos para irse con otro hombre. Es muy triste ver cómo la infidelidad en las mujeres ha aumentado vertiginosamente. Por años era el hombre quien más lo hacía, pero ahora me atrevería a decir que la mujer lo está haciendo en la misma proporción, a juzgar por los casos que he visto en mi práctica de consejería. A ustedes les pregunto: ¿será bueno imitar la conducta negativa de los varones? Se imita lo bueno, no lo negativo. ¿Será beneficioso vengarse? De ninguna manera. ¡Si ya tantos hogares se han quedado sin papá, imagínate ahora el caos cuando mamá también se va y abandona a sus hijos por irse con un hombre! La infidelidad es un acto indigno. Los hijos no se dejan por nada en el mundo, porque para ellos significa una pérdida que la llevan impresa en su corazón de por vida.

Cultivar relaciones cibernéticas creyendo que no estás cometiendo adulterio. Muchas personas creen que para que haya infidelidad tiene que haber relaciones sexuales. Esta es una idea falsa. Cualquier relación de amor, atracción física o intimidad emocional, aunque no medie una relación sexual, implica traición hacia la persona a quien has prometido amar.

Acceder a la petición de su esposo de ver pornografía para avivar la pasión en su relación. La mujer necesita desarrollar carácter y tener muy claramente definidas en su mente y en su corazón, cuáles son sus convicciones y cuál es su filosofía de vida. El hecho de que ame a un hombre, no significa que haga todo lo que él le pide como si ella fuera una marioneta. Lo que sabes que hace daño no lo hagas, corrígelo y explícale con razonamiento lógico porqué tú jamás accederías a la pornografía. Pensándolo bien... acá entre tu y yo, ¡qué poca creatividad tiene el hombre que necesita que su esposa vea a otra gente además de él para avivar la pasión! Ante una petición que tú consideres que está en contra de tus convicciones, dile no, no y no aunque no esté de acuerdo con las razones que le das. No te corrompas ni te dañes por complacerlo a él, por miedo a perderlo o por la creencia equivocada de que si no lo hace contigo lo hará con otra. También hay mujeres que creen que la pornografía es algo normal; una herramienta más para buscar el mayor placer en la relación sexual. Hay quienes crecieron con un padre que veía pornografía y se acostumbraron a ver esa práctica como algo natural. Pero esto es progresivo; va a llegar el momento en que nada te va a satisfacer y te vas a sentir sola. Además, sus peticiones van a seguir creciendo hasta pedirte sexo entre tres o quién sabe qué aberración. Enséñale a tu esposo que la ruta de la pasión comienza cultivando una relación profunda, llena de ternura, de comprensión, de entrega del uno al otro; todo lo que no inspira la pornografía.

ESTRATEGIAS PARA QUE LA MUJER FLOREZCA

No actúes de forma impulsiva; date tiempo para reflexionar. En el momento en que surja un conflicto, pídele a Dios que te ayude a tener serenidad para que evalúes la situación con la mayor objetividad posible. La mujer que le pidió el divorcio a su esposo sin explorar otras posibles soluciones al problema de pornografía, actuó por un impulso de coraje y decepción. No pensó que con ayuda él podía superar esa adicción que había estado oculta por tantos años. Si te duele un brazo no te lo cortas, sino que buscas opciones para sanarlo. De la misma manera, en las relaciones de pareja pueden surgir situaciones inesperadas que requieren paciencia y sabiduría antes de tomar una decisión radical. Si crees que no puedes resolver el problema tú sola, busca ayuda profesional. Observa cuál es la actitud de él; si está dispuesto a buscar ayuda profesional, si desea cambiar, si en realidad demuestra arrepentimiento por lo que hizo.

Todas estas señales te dirán si puedes trabajar la relación y elaborar un plan de acción para que esto no se quede en hablar meramente, sino que siga al próximo paso: actuar. Si ambos están dispuestos a realizar los cambios necesarios, se ha salvado una familia del terrible mal del divorcio.

Decide que jamás serás infiel. Evalúa las consecuencias sociales, emocionales, económicas, físicas y espirituales de la infidelidad para que puedas tomar la firme decisión de ser fiel. Si has sido infiel o estás actualmente en una relación de infidelidad, pídele perdón a Dios, perdónate a ti misma y proponte en tu corazón que jamás lo volverás a hacer. Si has dejado a tus hijos por irte con un hombre, pídele perdón a tus hijos, demuéstrales que los amas y comienza a trabajar poco a poco para restaurar la relación, con la debida autorización de quien tenga su custodia.

Evita situaciones de intimidad emocional con cualquier hombre que no sea tu esposo. Eviten patrones de costumbres como salir con la misma persona a almorzar o a tomar «el cafecito con la donita». No escuches ni le des permiso a ningún hombre a que te esté diciendo «cositas dulces», porque las infidelidades comienzan lentamente, pero su fin es amargo y doloroso. Mira a los que no son tu esposo como si fueran tus hijos, tus hermanos o tu papá. Esto te librará de mucho dolor y angustia.

Jamás accedas a ver pornografía. Haz de esto una norma para tu vida; y las normas no se discuten, se siguen. Si ya se han comprobado los daños que provoca la pornografía, ¿por qué permitirla? Explícale a tu esposo, con amor pero con mucha seguridad, que la pornografía está dañando cientos de matrimonios y tú no vas a dañarte a ti misma ni a tu relación. Si él te lo pide es porque la está viendo, así que habla sobre el asunto, busca más información sobre sus efectos y discútanla. Exprésale tu deseo y tu determinación de suspender esta práctica.

EJERCICIOS REFLEXIVOS PARA LA MUJER

I. En un momento de coraje, ¿has amenazado a tu esposo con el divorcio? ¿Crees que es una actitud correcta? Explica tu respuesta.

2. ¿Estás tolerando la infidelidad? ¿Por qué lo haces? ¿Temes perder a tu esposo? ¿Qué has decidido hacer?

3. ¿Qué medidas tomarías para evitar caer en la infidelidad?

4. ¿Cuál es tu opinión sobre la pornografía? ¿Estás consciente del daño que causa?

5. Si tu esposo te pidiera que vieran material pornográfico, ¿qué le dirías?

SEMILLAS DE AMOR

No te quedes en la oscuridad, permite que la luz de Cristo alumbre tu vida.

Capítulo 9

HORROR 31

Creer que la tecnología es más importante que la relación con tu cónyuge y tus hijos.

E stamos en la época de la información, todos quieren saber lo más reciente de los temas que cada quien prefiere y todos la tenemos cuando queramos con solo oprimir una tecla en nuestra computadora. Se puede buscar desde cómo hacer un bizcocho de zanahorias hasta las instrucciones horribles de cómo suicidarse. Las avenidas de la Internet están pavimentadas con lo que producen mentes sanas para beneficiar a otros, hasta las perversiones más espantosas de mentes que solo acumularon odio y destrucción y desean también compartir su amargura con el mundo entero.

Recientemente, vi un programa en el que se presentaban crímenes ya esclarecidos y todo el proceso que siguieron para lograrlo. El investigador logró demostrar que el asesino había sido el propio esposo de la víctima. Una de las pistas que le llevó a esa conclusión fue haber visto el historial del uso de su computadora. El asesino había tenido acceso a una información que enseñaba cómo dispararse a uno mismo sin tocar órganos vitales y además de la colección de canciones que tenía guardada había eliminado una canción que decía «te amo aunque tuve que matarte».

La Internet puede llegar a ser el instrumento más útil para quienes la usamos con responsabilidad hasta lo más destructivo cuando el usuario carece de una buena conciencia. Actualmente están anunciando en la televisión, un nuevo servicio que se está ofreciendo a los usuarios de las redes de información con el propósito de conseguirle amantes a hombres y mujeres casadas, hombres y mujeres comprometidas y hasta para los solteros. Quien estaba anunciando el producto decía que en esta «chillería por Internet», como él mismo la llamó, los hombres pagan por entrar, pero las mujeres no. ¿Crees que con estas prácticas que se promocionan con grandes sumas de dinero, las vidas serán felices y las familias crecerán sanas y fuertes? De ninguna manera formaremos una sociedad sana si el pequeño mundo que es la familia, en el que nos preparamos para ingresar al mundo grande que es la sociedad, está enfermo.

Es muy cierto que las nuevas tecnologías han facilitado nuestra búsqueda de información acerca de cualquier tema, pero involucran un sinnúmero de riegos que generan tanto dolor y destrucción que a veces hasta he llegado a pensar, ¿Cómo es posible que tantas personas se interesen tanto por la información externa mientras sus hijos, sus cónyuges y su familia en general a quienes están viendo diariamente, se les mueren de inanición de amor, ternura y atención?

Así como la tecnología ha arropado el mundo, el problema que ha generado también ha traspasado las barreras de sexo, nacionalidad, razas, religión y se ha convertido en una amenaza para quienes la usan sin estar conscientes de que la vida es muy corta para pasarla solo acumulando datos y viviendo mecanizados. Debo aclarar que no estoy en contra de las computadoras, teléfonos, juegos electrónicos, pero sí de su uso indiscriminado, solo porque «todo el mundo lo hace», «qué de malo tiene», «en algo hay que divertirse». El problema no reside en la tecnología, sino en el uso que hacemos las personas de ella.

Son pocos los que están conscientes de la atracción fatal que tienen todos estos adelantos en la vida de sus usuarios y cómo degeneran en una adicción que la mayoría de las veces ellos mismos no reconocen, pero sí lo identifican los familiares que le rodean: cónyuges, padres e hijos. La mayoría de los expertos coinciden en señalar que dichas tecnologías no generan, por sí mismas, la adicción. Una persona sana emocionalmente tiene la tecnología a su servicio, no está esclavizada ni al servicio de ella.

Te preguntarás quiénes están más expuestos a estas nuevas adicciones como los teléfonos, los videojuegos, la Internet, el Facebook, los chats y todo lo que surja de aquí en adelante. Aquellas personas que han vivido en un hogar en el que no han edificado una vida espiritual y emocional saludable, las que tienen una baja autoestima y carecen de destrezas para desenvolverse en los diferentes escenarios que se le presentan en la vida, las que se sientes solas y las que no saben comunicarse y viven encerradas en su mundo. Todas ellas son presa fácil de las adicciones y de esta en particular, porque no saben cómo comunicarse efectivamente, por tanto, tienden a aislarse y a refugiarse en un mundo irreal en el que solo se escribe, no se mira a los ojos ni hay ternura ni conflictos porque todo se queda en lo ideal que producen otras personas que están huyendo también de su realidad inmediata y de la pasada. Así es como todos ellos crean su propio mundo virtual porque aquí la inseguridad queda cubierta con el barniz de palabras que no son respaldadas por hechos porque se vive y se ve solo una fantasía. En estos diálogos de chats y de Facebook, el verdadero yo se esconde detrás de cada texto protegiéndose así del rechazo, la crítica, la burla, los problemas y los conflictos que cada uno de ellos ha acumulado de su diario vivir y no han sabido cómo resolverlo o enfrentarlo. La persona permanece en la soledad de un mundo irreal que para ella es un mundo real y feliz. Por eso han aumentado vertiginosamente las relaciones de infidelidad tanto en los hombres como en las mujeres y dejan su hogar, su matrimonio y hasta sus hijos por una relación hueca basada en palabras bonitas que se quedan en la Internet y nunca las verán concretarse en la realidad. Hombres y mujeres que se han convertido en adictos a la pornografía y han sustituido la demostración de amor tierna basada en establecer un vínculo emocional, por una exacerbación de todas las bajas pasiones para alcanzar solo el mero placer.

María Ángeles Barja en su artículo «El uso de la tecnología puede convertirse en una adicción» comenta que John O'Neill, director del servicio de adicciones de la Clínica Menninger de Houston en Texas, considera que «la adicción comienza a verse cuando la persona no es capaz de abandonar el uso compulsivo de los medios tecnológicos».[1] Como consecuencia, sus lazos sociales se van deteriorando y destruyendo porque para un adicto lo más importante es satisfacer su vicio, su necesidad de recibir un alivio a su dolor emocional que él o ella alcanzan con el placer que reciben momentáneamente y una vez pasa, necesitan la próxima dosis. O'Neill afirma que «cuando el envío de correos electrónicos, mensajes de texto o chat sustituyen los encuentros personales o cuando la persona limita el tiempo que pasa con su familia y amigos para dedicarse a la web u otros medios virtuales», ya está iniciándose en la adicción. Las otras señales de adicción que él menciona son: «la imposibilidad de salir de la casa sin el teléfono celular y el no permanecer tranquilos sin cotejar los e-mails a cada momento o sin entrar en internet». A juzgar por estas características que hemos señalado, son innumerables los adictos a la tecnología. ¿Has estado conversando con alguien que mientras tú le hablas está revisando los textos o los correos? ¿Has observado las familias en un restaurante? Mientras cenan los padres están cada uno con sus teléfonos y los hijos con sus juegos electrónicos o con sus teléfonos. Estamos viviendo la época del silencio y del desamor, porque lo que es mecánico no transmite amor ni vida.

En mi práctica como consejera de familia he visto cómo los hogares están siendo afectados por esta fiebre del siglo XXI que está destruyendo a su paso todo lo que toca, precisamente porque la adicción rompe con los lazos sociales y de afecto de las personas y coloca en primer lugar la tecnología. Recibí a una pareja que tenía múltiples problemas en su matrimonio, pero todos se derivaban de sus pobres destrezas de comunicación. El esposo argumentaba que era muy difícil la convivencia porque ella vivía pegada al celular viendo los mensajes de texto y de la Internet. Posiblemente al leer estas líneas muchos digan: «¿Cómo es posible que haya incluido mi caso?». Sin embargo, este no es tu caso, es el de muchísimas parejas que están viviendo esta misma situación. Finalmente, le hablé a la esposa y le expliqué que ella tenía un problema serio de adicción a la tecnología y que yo estaba dispuesta a ayudarla. Luego intercambiamos números telefónicos, pero me hizo la salvedad de que me comunicara con ella por mensajes de texto porque a ella no le gustaba hablar. ¿Te imaginas cómo podrá florecer de esa manera su relación de matrimonio? ¿Puedes describir cómo será la relación con sus hijos? ¿Cómo será el ambiente familiar? Nada sustituye el poder de la palabra, la mirada, el tono de voz, la emoción en la que está envuelta cada palabra que pronunciamos y el tocarse con amor mientras se habla.

Otra pareja llegó a consejería con problemas muy serios de infidelidad. Él había conocido a una mujer a través del Facebook y se involucró sentimentalmente a tal punto que se generó un romance cibernético que casi termina con el matrimonio. Aunque finalmente se salvó la relación, se les ha hecho muy difícil superar las heridas que dejó la infidelidad. Muchos no se han dado cuenta que la sociedad ha seguido dando por bueno lo que es una fuente de tentación que lleva a la infidelidad porque lo que cada quien no habla con su cónyuge, lo habla con amigas y amigos por horas. Es una imprudencia mantener una relación de amistad con desconocidos y menos con desconocidos del sexo contrario: hombre-mujer o viceversa. Pero uno de los casos más tristes es el de la mujer casada y con tres hijas de esa relación, que llegó quejándose a mi oficina porque su esposo no era cariñoso ni la atendía como ella anhelaba y que ya estaba cansada de estar en esa relación. Continuó explicándome que su esposo la había descubierto y que ella ya había decidido divorciarse porque el hombre que había conocido por el Facebook, ese si era un hombre espectacular. Se le olvidó que tiene tres hijos, se le olvidó que les está dando muy mal ejemplo de lo que significa fidelidad, ejemplo y amor de madre y no tuvo en cuenta que la familia es un tesoro valioso que hay que salvar. El amor es una decisión y no podemos decir tan livianamente «ya no lo amo» y seguir con otra persona nuestra historia de amor como si nuestra vida fuera una novela y este fuera otro capítulo. No podemos seguir aceptando las ideas «modernas» que están produciendo tantos desastres en los hogares y en los que se están criando los futuros y las futuras maltratantes y delincuentes porque no han visto un padre y una madre maduros que les enseñen valores y principios. Lo que sí han conocido es a unos padres que viven inmersos en las redes sociales y hasta se han enamorado de otra persona por Internet. Es imprescindible que podamos vivir conscientes de que las personas tienen vida y sienten la necesidad de amor, atención y aceptación. ¿Te imaginas cómo sería este mundo si las personas les dedicaran a sus cónyuges e hijos, el tiempo que le dedican a sus computadoras?

El otro día mientras hablaba con un padre acerca de su hijo de ocho años y me comentaba que su hijo era un niño muy tranquilo. Llegaba de la escuela hacía sus asignaciones y luego se iba a su cuarto de juegos electrónicos y permanecía jugando hasta que llegaba la hora de dormir. ¡Solo dejaba los juegos para dormir y hacer las tareas escolares! Muchos padres no tienen la más mínima idea del grave daño que están sufriendo sus hijos con esa actividad aparentemente inofensiva, pero mortal para el desarrollo emocional, espiritual y físico de los niños, cuando no se supervisan el tiempo ni el contenido al que ellos están expuestos. Se han hecho muchísimos estudios en los que se demuestran los efectos negativos y positivos que producen estos juegos en su desarrollo y me atrevo a decir que son más los negativos que los positivos cuando los padres no supervisan el contenido de los videojuegos ni el tiempo que sus hijos le dedican a esta práctica. Aunque se dice que la difusión de estos es mayor entre los niños que entre las niñas también han ido en aumento los que están saliendo para niñas. Lo importante es que sea para niños o para niñas, debemos ser cuidadosos en la administración del tiempo y de los temas que vamos a permitir que nuestros hijos vean, porque a fin de cuentas, todo lo que captan nuestros sentidos afectan de una u otra forma el desarrollo emocional, espiritual y físico de cualquier individuo. Veamos algunos los efectos negativos de la tecnología que señalan los expertos en la vida de nuestros hijos.

- El estar un tiempo prolongado con la vista fija en la pantalla de la computadora irrita los ojos porque estos no pueden realizar los movimientos de parpadeo que lubrifican la córnea, debido a la atención que se presta al juego. Los dolores de cabeza pueden llegar a ser frecuentes principalmente cuando los niños no tienen corregidos defectos en la agudeza visual.
- Pueden aparecer dolores musculares o desviaciones en la postura, muy perjudiciales para un niño que está en crecimiento por las posturas que se adoptan durante el juego. Además, profesionales de la salud han observado con frecuencia en muchos niños «la aparición de molestias en la mano y muñeca por el desarrollo de tendinitis o inflamación en los tendones».[2]
- Si la adicción a los videojuegos se apodera de los niños pueden acabar convirtiéndose según algunos autores en una persona que padece adicción patológica al juego. La vida de un jugador con una adicción patológica gira en torno al videojuego, lo que quiere decir que todo su pensamiento se centra en él y llega hasta mentir para poder seguir jugando. La adicción llega a tal extremo, que tenemos hombres y mujeres chateando, viendo Facebook, practicando los juegos

electrónicos o cualquier asunto tecnológico, hasta en horas de trabajo. Esta nueva tecnomanía atrapa a adultos y niños.

- Ya el niño no quiere más actividades que el juego, así que su vida social se afecta porque ya no interactúa con otros ni habla ni disfruta de otras actividades. Es como si nosotros comiéramos solo un mismo alimento todos los días, obviando que necesitamos variedad de nutrientes que llenen las distintas necesidades del organismo.

- La emoción fuerte que provocan estos juegos genera en ellos tanta ansiedad que provoca cansancio en el sistema nervioso y hasta degenera en depresión y ansiedad. Como resultado se afecta el rendimiento académico y se pueden apreciar defectos en la capacidad de atención y un marcado desinterés por las actividades escolares. Hoy precisamente estaba en un lugar público esperando que me atendieran, pero me llamó la atención un niño de ocho años que repentinamente comenzó a llorar y cuando miré a su papá lo noté que ni se había inmutado ante las lágrimas. No me pude quedar callada y le pregunté qué le pasaba, a lo que su padre contestó al instante: «No se preocupe, es que él llora porque perdió en el videojuego». ¿Será esto saludable para los hijos? ¿Deben los padres considerar esta conducta como algo normal sin ninguna importancia?

- Por último, estos niños pierden el control sobre sí mismos, porque el juego les domina. Cuando se les priva de sus juegos padecen los síntomas de abstinencia como los de cualquier otra adicción y presentan un comportamiento impulsivo y violento.

- El uso excesivo de los videojuegos por los niños y adultos les dirige a una vida sedentaria que perjudica su salud. Estamos en la época en la cual se está haciendo muchísimo hincapié en la importancia del ejercicio para la salud de toda la población para evitar el sobrepeso.

En cuanto a los efectos positivos algunos expertos señalan:

- El intercambio de los juegos puede favorecer el contacto social y la participación en actividades comunes.
- El jugar hasta lograr conseguir un premio o terminar un juego, les estimula a ser perseverantes.
- El perder muchas veces puede aumentar la tolerancia frente al fracaso y le estimula a poner empeño en lo que hace.
- La necesidad de rapidez en la toma de decisiones le ayuda a aprender a actuar con rapidez y a superar la duda.
- Le favorecen la coordinación visual y manual, la memoria y la capacidad para retener conceptos numéricos e identificación de colores.

Como podemos ver, el uso de todos estos adelantos tecnológicos tiene ventajas y desventajas, pero las desventajas son mayores. Lo que significa que el problema no está en la tecnología sino en lo que decidimos hacer con ella: si la usamos responsablemente sin dejarnos dominar por ella o nos convertimos en sus esclavos. Es imprescindible orientar y supervisar su práctica tanto en lo relacionado con el tiempo como con los temas. Pero para enseñar a nuestros hijos a ser selectivos, los padres tenemos que aprender a ser también selectivos con lo que vemos, escuchamos, practicamos y con el tiempo que le dedicamos, porque el ejemplo es la única forma de enseñar efectivamente. ¿Cómo demostrarles que somos prudentes en el uso de la tecnología si nunca podemos hablar con ellos por estar conectados a ella? No podemos dejar que los juegos de video sean las niñeras de nuestros hijos. Nuestro hogar debe ser un lugar de sana convivencia en el que los hijos se sientan amados, aceptados, escuchados, en donde se pueda diferir con respeto, en donde se pueda sacar tiempo para pasear, jugar y conversar juntos.

Estos son unos errores cometidos por las parejas y por hombres y mujeres que están criando solos:

- No proveer ni prestarle atención a edificar una vida espiritual sólida.
- Creer que la tecnología es más importante que las relaciones de familia y las interpersonales.
- Dedicarle poco tiempo a sus hijos por pasar conectados a la tecnología.
- Dejar que los hijos usen indiscriminadamente la computadora y los videojuegos sin tener en cuenta el tiempo y el contenido.
- No enseñar a los hijos que las cosas no son buenas «porque todo el mundo lo hace».
- No enseñarle a los hijos el valor del tiempo y de las relaciones de familia.
- No proveer a los hijos diversidad de actividades en las que todos como familia participen y estimulen la unidad.
- Ser incapaz de reconocer que ellos y sus hijos han caído en una adicción y han dejado de comunicarse entre ellos.

Las siguientes medidas te ayudarán a ti y a tus hijos a hacer buen uso de la tecnología porque los adultos también necesitamos estructuras y límites en nuestras prácticas. Lo que pervierte a un niño, llega a pervertir a un adulto porque actuamos de acuerdo a la información que le suministramos a la computadora más grande del mundo, nuestro cerebro.

Estas son unas estrategias para que tanto nuestros hijos como los adultos podamos hacer uso de la tecnología con prudencia:

- **Controla el tiempo que le dedicas a la Internet o a los juegos.** Toda actividad que se ejecuta sin límites puede convertirse en una adicción.

- **Vigila el contenido de los videojuegos.** Es muy importante un control adecuado de los contenidos de los juegos. No te dejes llevar por la clasificación que ellos traen. Los criterios de evaluación de las compañías con mucha frecuencia no son los de los padres conscientes y responsables. A la hora de adquirirlos debemos asegurarnos, de que sean los adecuados para la edad del niño. La primera vez que los vean, quédate con ellos para que estés seguro de que no contengan nada que los perjudique. No permitas que nadie escriba en su corazón cosas que les dañen emocionalmente, pero esta misma estrategia, aplícala a tu vida porque son muchísimos los adultos que han quedado atrapados en la violencia y el sexo. Lo que no edifica, ¿para qué verlo?

- **Haz de la vida familiar un disfrute y no un calvario.** La experiencia me dice que hay hijos que se sienten como una carga para sus padres porque les escuchan quejándose todo el tiempo de cuánto tienen que trabajar por ellos, cuánta responsabilidad implica tener un hijo y cuán mal agradecidos son los hijos después que ellos se sacrifican tanto por ellos.

Por lo general un niño o un adolescente que tiene sus necesidades espirituales, emocionales y físicas cubiertas, puede hacer uso de la tecnología para su beneficio y no llegar a ser esclavo de ella porque su vida disfruta de una buena relación familiar. Cuando el hogar está entretejido con lazos de amor, demostraciones de afecto, buen ejemplo y palabras de afirmación, los padres se convierten en una influencia poderosa en la vida de sus hijos. Este es el mejor antídoto contra las adicciones. ¡Cuántas veces hay padres que dejan a sus hijos todo el tiempo a cargo de los videojuegos o de la Internet! De ninguna manera podemos permitir que la violencia y el sexo cuiden a nuestros valiosos hijos.

El abuso de los videojuegos puede ser un escape de nuestros niños y adolescentes que se refugian en ellos para llenar su vacío emocional, así como el Facebook y los «chats» también son apetecibles para personas que se sienten muy solas y buscan migajas de amor y aceptación en personas que ni conocen. Por eso es necesario promover el diálogo y la comunicación en la familia de tal manera que se satisfagan las necesidades emocionales los unos a los otros. El tiempo que dediquemos a estar con nuestros hijos nunca será una pérdida sino todo lo contrario será una gran inversión para toda la vida. Por otro lado, nunca debemos considerar los videojuegos como un sustituto de la educación familiar y menos emplearlos a modo de niñera.

- Los padres siempre deben siempre observar los estados de ánimo de sus hijos y deben interesarse por ellos. Cualquier actitud o conducta fuera de lo acostumbrado es necesario atender. ¿Qué señales deben alertar a los padres?

El uso compulsivo de la computadora como por ejemplo, prenderla inmediatamente al levantarse. Estar pendiente de cualquier momento libre para correr a la computadora. Cambios en el comportamiento y en el aprovechamiento académico. Pérdida de interés por cualesquiera otras actividades, por estar en la computadora. Ante estas señales es necesario hablar con el niño o el adolescente para mostrar nuestro interés por él y ofrecerle nuestra ayuda. Si se encierra en sí mismo, es necesario buscar ayuda profesional.

¿Cuántas madres y padres están horas frente a la computadora mientras sus hijos están esperando esa atención y cuidado que les dice: «Eres importante para mí, te amo, tú eres primero que cualquier otra cosa en el mundo»? ¿Cuántos hijos mal alimentados porque el padre o la madre que está a cargo de ellos no puede detener su adicción a la tecnología y sigue horas de horas embelesado en su actividad sin percatarse de que sus hijos se están muriendo de inanición de alimento, amor y atención? Estos padres algún día morirán llenos de conocimiento, pero sus hijos morirán vacíos de amor y atención. ¡Esta es la tragedia que veo diariamente! Niños que tienen sus rostros en blanco, que no reflejan otra cosa sino soledad física y emocional.

Papá y mamá, esposo y esposa, ¿te has fijado cómo se tratan los tesoros? Se guardan en un lugar muy seguro para que nadie se los robe, se tratan con un cuidado extraordinario para que no se dañen ni se rompan y continuamente se revisan para saber que están en el lugar que se guardaron y que se mantienen en óptimas condiciones. La familia es más valiosa que un tesoro, ¿por qué no se cuida de la misma manera y se permite que cualquier agente extraño la destruya?

La Biblia nos dice en 1 Corintios 10.23: «Todo me es lícito, pero no todo conviene; todo me es lícito, pero no todo edifica». Es lícito tener acceso a la tecnología, pero no te dejes gobernar por ella. Todo lo que no puedes dejar de hacer y te lleva a repetir una y otra vez el acto a pesar de que está afectando a tu familia, a ti mismo y hasta tu desempeño laboral, se ha convertido en una adicción. Las adicciones son muy silenciosas. Comienzan despacito, pero continúan en un progreso constante hasta que te convierten en su esclavo. Aparentemente alivian el dolor emocional porque te entretienen causándote placer, pero cuando llegas a darte cuenta, ya le perteneces y no te permiten apartarte de ellas aunque veas las amargas consecuencias. Todo ese mal ejemplo se lo dejas a tus hijos, quienes te imitarán y a su vez lo harán con sus propios hijos. Así es como las malas costumbres se van pasando de generación en generación, pero así también es como las buenas costumbres llegan a convertirse en un buen legado. Tú y solamente tú eres quien vas a decidir si le dejas una copia de malas costumbres o un legado de amor y buenos hábitos que llevarán a tu familia a disfrutar a plenitud cada instante de su vida.

- La decisión de lo que vamos a hacer con la tecnología está a nuestro alcance. Cada uno de nosotros debe escoger entre cuidar nuestro tesoro o abandonarlo a su «suerte». Mi esposo y yo decidimos hace treinta y ocho años atrás construir nuestra familia bajo la dirección de quien nos creó y conforme a su diseño. Hoy día estamos disfrutando lo que edificamos con esfuerzo, dedicación, ejemplo y entrega a Dios.
- Si al terminar de leer este capítulo, te das cuenta que en tu hogar hay adicción a la tecnología, toma en cuenta las siguientes recomendaciones:

Reconoce el problema y admite que estás preso en la tecnología y adopta una buena actitud hacia el cambio. No te quedes solo en el reconocer que estás atrapado en una adicción. Es imperativo reconocer el problema y actuar. Si es tu hijo, propicia una conversación con él en la que le expliques lo que has aprendido del uso correcto de estos adelantos y los daños que ocasiona cuando no hay controles. Pregúntale a él y a ti mismo cómo está la relación familiar y cómo pueden mejorarla. Este diálogo íntimo con tu hijo o con tus hijos fomentará vínculo emocional y lo estimulará a querer conversar sus inquietudes más profundas contigo. Lo importante en este caso es no comenzar a regañar y a imponer fuertes disciplinas, sino que de esa conversación sincera se desprenda un plan de acción que les dirija a distribuir bien las veinticuatro horas que tiene cada día, de tal manera que se establezca un balance en la asignación del tiempo que se dedique a las diferentes actividades incluyendo la tecnológica. Una salud mental requiere balance entre tiempo de meditación, tiempo de diversión, tiempo de tareas del hogar, de la escuela, del trabajo. Cualquiera de esa áreas que se convierta en la que predomine y no permita más ninguna, se constituye en algo nocivo para el individuo y la familia.

EJERCICIOS

1. Todos los integrantes del núcleo familiar, deben analizar la relación de familia y enumerar qué posibles factores propiciaron la adicción, sin señalar culpabilidad sino pensando cómo cada uno puede aportar para mejorar las relaciones en el núcleo familiar de tal manera que se satisfagan las necesidades emocionales de todos.

2. Deben considerar si el invertir tiempo excesivo en los juegos electrónicos, en la computadora o en otras distracciones, ha sido un escape a la realidad diaria.

3. Mencionen qué actividades podrían llevar a cabo que podrían estrechar los lazos de amor y unidad entre la familia.

4. Hagan juntos una oración, perdónense los malos entendidos y abrácense después de terminada esa reunión de amor.

SEMILLAS DE AMOR

Así como estás largas horas frente a la computadora y texteando en el teléfono, decídete a dedicar tiempo de cantidad y calidad para tocar el corazón de tu familia con acciones y palabras de amor y afirmación. Ellos nunca olvidarán ni un solo detalle de amor.

CONCLUSIÓN

Dios creó al hombre y a la mujer a su imagen y semejanza para que juntos pudieran amarse, poblar la tierra y administrarla con responsabilidad. Dios hizo a la mujer de la costilla del hombre, mientras dormía. Cuando se la presentó a Adán, él expresó emocionado en Génesis 2.23: «Esta sí es hueso de mis huesos y carne de mi carne. Se llamará "mujer" porque del hombre fue sacada». Por eso el hombre deja a su padre y a su madre, y se une a su mujer, y los dos se funden en un solo ser. Adán se maravilló porque aquella criatura bella era parte de su propio cuerpo. Eva, por su parte, cargó en su vientre a sus hijos, que se formaron de la unión de ambos. Así que sus hijos fueron parte de su cuerpo. De esta manera se estableció una familia en la que cada uno estaba íntimamente ligado al otro por el amor, la carne y la sangre en común.

Dios creó al hombre; luego hizo a la mujer de la costilla de él, y de esa unión de amor se formaron los hijos que habitaron en el vientre de ella hasta que estuvieron formados. De esa cadena de amor e interacción surgió la familia. Por esa razón los lazos familiares son tan fuertes, que aquéllos que no han experimentado una relación familiar saludable andan vagando por la vida buscando ese pedazo de corazón que les falta. Desgraciadamente, lo buscan en otra persona que está anhelando lo mismo que ellos. Las consecuencias de esa insatisfacción ya las hemos visto: un por ciento de separaciones y divorcios altísimo. De esos rompimientos quedan una serie de hijos anhelantes de ese amor que les falta del padre o la madre. Así es como se ha ido perpetuando el círculo vicioso del maltrato, el rompimiento de las relaciones y, por consiguiente, la soledad emocional que se ha generado.

Tanto el hombre como la mujer necesitan tornar su mirada al Creador. Ese es el elemento que falta en la estructura que Él instituyó y que conocemos como familia. Dios es amor y con su amor llena a toda aquella persona que se acerca a Él con un corazón sincero y, en un acto de humillación ante su presencia, admite que está falto de amor. Cuando así lo hace, comienza el ciclo de sanidad emocional. La persona perdona a quienes le han herido y queda libre para amarse a sí misma y a los demás en el precioso vínculo del matrimonio. Solo así podemos romper el trágico círculo del maltrato que nos afecta y nos produce tanto dolor a todos.

De esta manera restauraremos la familia y comenzará a surgir una nueva generación en la que los hombres puedan admirar y amar a las mujeres como parte de sí mismos, y las mujeres, a su vez, puedan amar y admirar a los hombres. Solamente hiere quien que ha sido herido. Quien está sano emocionalmente, tiene la capacidad de perdonar y amar con libertad.

Al igual que el ministro y líder pacifista estadounidense Martin Luther King, hijo, yo tengo un sueño, pero con la familia. Sueño con el día en que podamos amarnos, valorarnos y respetarnos a pesar de las diferencias. Sueño con que el maltrato de hombres, mujeres y niños sea erradicado por completo, cuando cada individuo pueda reconocer su valor y su dignidad —independientemente de cómo haya sido criado— porque lo más importante es por quién hemos sido creados.

A ustedes, hombre y mujer, les digo que la familia es el proyecto más importante de la vida. Por tanto, dedíquenle el tiempo que merece y jamás compitan uno con el otro por el poder. Dios los escogió a ambos para realizar ese trabajo y los dotó de las capacidades necesarias para lograrlo. Cada uno tiene unas características indispensables para llevar a cabo la tarea y ambos se complementan para lograr el sueño cumbre de Dios: la familia.

Se puede construir una familia feliz. Deja atrás los errores y horrores, y comienza hoy a transformar tu vida, no importa cuán destruida esté. Con la ayuda de Dios, tu arquitecto por excelencia, lo lograrás. Recuerda siempre esta afirmación: «Yo no puedo cambiar a nadie, pero si yo cambio, los que están a mi alrededor cambiarán con mi ejemplo».

BIBLIOGRAFÍA

Augsburger, David. *El amor que nos sostiene: sanidad y crecimiento espiritual en la vida matrimonial.* Trad. Elsa Romanenghi de Powell. Nashville: Grupo, 1992.

Barja, María Ángeles. «El uso de tecnología puede convertirse en una adicción». 30 enero 2008. http://depsicologia.com/el-uso-de-tecnologia-puede-convertirse-en-una-adiccion.

Brizendine, Louan. *El cerebro masculino: las claves científicas de cómo piensan y actúan los hombres y los niños.* Trad. Marta Pino Moreno. Buenos Aires: Nuevo Extremo, 2010.

Biblia de Estudio NVI. Miami: Vida, 2002.

Bragdon, Allen D. y David Gamon. *Cerebros que funcionan un poco diferente: recientes descubrimientos sobre la diversidad de los cerebros.* Trad. Luigi Freda Eslava. México: Brainwaves y Grupo Editorial Tomo, 2005.

Covey, Sean. *Las 6 decisiones más importantes de tu vida.* Trad. María Andrea Giovine y Josefa de Régules. México: Random House, 2007.

Delashmutt, Gary y Dennis McCallum. *El mito del romance.* Trad. Eugenio Orellana. Nashville: Grupo, 1997.

Enfoque a la Familia. YouTube, entrevista a Ted Bundy. Violador, adicto a la pornografía y asesino en serie. Parte I, II y III. 1993. http://www.youtube.com/watch?v=dYAxfdj5_hY.

Gamon, David y Allen D. Bragdon. *Aprenda más rápido y recuerde más: cómo los cerebros jóvenes y viejos adquieren y rescatan información.* Trad. Grigori Karlenovich G. y Sorel Contreras M. México: Brainwaves Books y Grupo Editorial Tomo, 2005.

Hart, Archibald. *El hombre sexual: hombría sin complejo de culpa.* Trad. Orlín Márquez. Nashville: Caribe, 1994.

«Historia de Ted Bundy, el psicópata americano», http://asesinatoserial.net/bundy.htm.

McConnell, Gene. «Sexo tóxico, relaciones perjudiciales: Una perspectiva real de la pornografía». 2008. http://www.cadaestudiante.com/articulos/toxico.html.

Mero, Jenny. «¡Ya basta!: El ciclo de la violencia doméstica puede y debe romperse». *Selecciones* (marzo 2008): pp. 37-43.

Pantojas, Norma. *Los 30 horrores que cometen las mujeres y cómo evitarlos.* Miami: Unilit, 2008.

Penner, Clifford y Joyce Penner. *El hombre y la sexualidad: cómo descubrir una dimensión más amplia de amor, pasión e intimidad con su esposa.* Trad. Rubén de Peña y Pedro Vega. Nashville: Grupo, 1998.

Pérez Abellán, Francisco. *Mi marido, mi asesino.* España: Martínez Roca. 2002.

Rosberg, Bárbara. *Conéctese con su esposa.* Trad. Graciela D. Broda. Miami: Unilit, 2004.

Smalley, Gary. *Conéctese con su esposo.* Trad. Graciela D. Broda. Miami: Unilit, 2004.

Whiteman, Thomas y Randy Petersen. *Hombres que aman muy poco.* Trad. Virginia A. Powell. Nashville: Grupo, 1996.

NOTAS

CAPÍTULO 1

1. Dennis McCallum y Gary Delashmutt, *El mito del romance* (Nashville: Grupo, 1997), pp. 30–31.

CAPÍTULO 2

1. Dr. Thomas Whiteman y Randy Petersen, *Hombres que aman muy poco* (Nashville: Grupo, 1996), p. 14.
2. Ibíd. p. 15.
3. Paul Hegstrom, *Hombres violentos y sus víctimas en el hogar, cómo romper el ciclo del maltrato físico y emocional* (Kansas City, MO: Casa Nazarena de Publicaciones, 2001), pp. 26–27.
4. Jenny Mero, «¡Ya basta!: El ciclo de la violencia doméstica puede y debe romperse», *Selecciones* (marzo 2008): pp. 37–43.

CAPÍTULO 6

1. Dr. Archibal D. Hart, *El hombre sexual, hombría sin complejos de culpa* (Nashville: Caribe, 1994), p. 87–89.

CAPÍTULO 7

1. Dr. Thomas Whiteman y Randy Petersen, *Hombres que aman muy poco* (Nashville: Caribe, 1996), pp. 21–25.

CAPÍTULO 8

1. Sean Covey, *Las 6 decisiones más importantes de tu vida* (México DF: Random House, 2007), pp. 249–50.

2. Gene McConnell, «Sexo tóxico, relaciones perjudiciales: Una perspectiva real de la pornografía», http://www.cadaestudiante.com/articulos/toxico.html.

3. «Historia de Ted Bundy, el psicópata americano», http://asesinatoserial.net/bundy.htm.

4. Enfoque a la Familia, «01 Dr Dobson y la entrevista a ted Bundy I», 1 abril 2012, http://www.youtube.com/watch?v=cpTnzY2thRw.

5. Enfoque a la Familia, «02 Dr Dobson y la entrevista a ted Bundy II», 1 abril 2012, http://www.youtube.com/watch?v=7r9YHvMTWSE.

CAPÍTULO 9

1. María Ángeles Barja, «El uso de tecnología puede convertirse en una adicción», 30 enero 2008, http://depsicologia.com/el-uso-de-tecnologia-puede-convertirse-en-una-adiccion.

2. Dr. Fco. Javier Lavilla Royo, «Los videojuegos y los niños», Clínica Universidad de Navarra, http://www.cun.es/area-salud/salud/cuidados-casa/videojuegos-ninos.

ACERCA DE LA AUTORA

Norma Pantojas nació en Barranquitas, Puerto Rico. Tiene un bachillerato en Estudios Hispánicos, una maestría en Consejería Familiar y un doctorado en Consejería Cristiana. Es anfitriona de «Semillas de amor» que se transmite por NCN Televisión, y fue animadora y consejera en la emisora «Nueva vida». Ha sido consejera en el programa «Levántate» que transmite Telemundo Internacional, y actualmente colabora en el programa «Día a Día», que se transmite por Telemundo.